MW00682113

Rozmówki amerykańskie

dla Polaków

American Phrasebook

for Poles

Jacek Galazka
Janusz Bibik

POLISH HERITAGE PUBLICATIONS

Published by Polish Heritage Publications
75 Warren Hill Road
Cornwall Bridge, CT 06754

Distributed to the book trade by
HIPPOCRENE BOOKS, INC.
171 Madison Avenue
New York, NY 10016

ISBN 0-7818-0554-6

Cover design by Marek Antoniak
Typeset by AdMarK Graphics, Inc.

Printed in the United States of America.

Rozmówki amerykańskie dla Polaków, znakomicie opracowane przez Jacka Gałązkę, ukazują się wyjątkowo na czasie, gdyż odpowiadają potrzebom tysięcy Polaków, którzy co roku lądują na ziemi Waszyngtona. Codziennie na lotnisku JFK w Nowym Jorku, w Chicago na O'Hare, czy w Los Angeles, z samolotów schodzi kilkuset Polaków. Będzie ich w przyszłości więcej. *Rozmówki amerykańskie dla Polaków* dopomogą im, aby nie stali całkowicie bezradni, wobec Nowego Świata. Już na wstępie trzeba przecież się rozmówić z przedstawicielami władz imigracyjnych, z urzędnikami celnymi. Nie na wszystkich oczekują krewni lub znajomi. Trzeba więc zawiadomić ich telefonicznie o przyjeździe. A potem wybrać autobus, albo wziąć taksówkę, uważać, by nie zostać nabranym. Znajomość kilku podstawowych zdań w języku angielskim pozwoli ochronić się. W końcu przybysz dobija do celu. I od tego momentu zaczyna się seria codziennych trudności, z mieszkaniem, z pracą, zakupami, szkołą, szpitalem.

Rozmówki amerykańskie dla Polaków dopomagają obracać się wśród ludzi. Jeśli przybysz korzysta z nich umiejętnie, ułatwi sobie pobyt na amerykańskiej ziemi, a także pozwoli innym, aby mu w potrzebie pomogli. Amerykanie, naród emigrantów, są życzliwi dla nowo-przybyłych, ale pod warunkiem, że mogą się z nimi porozumieć. Książka, którą opracował Jacek Gałązka, ma na oku te właśnie, różnorodne potrzeby i sytuacje.

Ale moim zdaniem, największą jej zaletą i wartością jest to, że odpowiada warunkom nowoczesnego życia. Kiedy przeglądałem pierwszy, drukarski skład *Rozmówek* uderzyło mnie, jak nadzwyczajnie wychodzą naprzeciw potrzebom życia w nowoczesnym świecie. A zarazem, jak są praktyczne; od pralni automatycznej, po szpital; jak dalece przewidują sytuacje, w jakich może znaleźć się przybywający do Ameryki Polak, nie znający angielskiego języka. Wobec popularności tego języka *Rozmówki* mogą okazać się niezbędnym towarzyszem podróżującego. Istnieje na rynku księgarskim kilka wydań rozmów polsko-angielskich. Większość z nich jednak pochodzi z czasów, które określiłbym jako zaprzeszłe.

Uważam, że *Rozmówki amerykańskie dla Polaków* powinny znaleźć się w ręku każdego Polaka, turysty czy emigranta, który dla różnych przyczyn wybiera się za Ocean, a także kiedy powraca do domu.

Wreszcie chcę podkreślić inny jeszcze aspekt książki. Uważam, że znajomość nawet tylko podstawowych słów i wymowy angielskiej powinna stanowić zachętę dla Polaków podróżujących do Ameryki do systematycznej nauki języka angielskiego. Znasz trochę, poznaj więcej. Taką należy kierować się zasadą. Znajomość angielskiego, w szerszym lub węższym zakresie, zapewnia łatwość poruszania się po świecie, daje lepszy start, ułatwia karierę, otwiera nowe możliwości w pracy i w zarobkach. Albo po prostu uprzyjemnia życie. Wzbogaca też współżycie z obywatelami Stanów Zjednoczonych, Kanady i innych krajów języka angielskiego, który stał się językiem dla setek milionów współczesnego świata.

Rozmówki stanowią więc nie tylko pomoc w pierwszych krokach, ale także otwierają drogę do wielkiego kontynentu, jakim jest Ameryka, i do innych krajów. Uważam, że wielka zasługa przypada autorowi i wydawcy, jakim jest Polish Heritage Publications. Dali nam książkę bardzo pożyteczną i bardzo na czasie.

Bolesław Wierzbiański *NOWY DZIENNIK*

Spis treści

Jak posługiwać się tą książeczką 9
How to use this book

Literowanie 11
Spelling

Podstawowe informacje o sobie 12
Basic information about yourself

Kłopoty z językiem i zrozumieniem 14
Language problems

Odprawa paszportowa na lotnisku 15
Passport control at the airport

Odprawa celna 18
Customs control

Telefonowanie – rozmowy miejscowe i zamiejscowe 19
Making a telephone call – local and long distance

Telefony bezpłatne – pomoc w nagłych wypadkach 911 i telefony 22
bezpłatne w instytucjach 1-800-...
Toll free calls – emergency calls 911 – 800 numbers

Numery kierunkowe ważniejszych miast amerykańskich 22
Area codes for major American cities

Numery kierunkowe w różnych stanach (alfabetycznie) 23
Area codes for various states (alphabetical order)

Mapka Stanów Zjednoczonych z zaznaczonymi miastami 24
Map of the USA with key cities

Dojazd z lotniska do miasta – autobus, kolej podziemna, taksówki 25
Getting from the airport to the city – bus, subway, taxis

Rozpoznawanie znaków i napisów informacyjnych 29
Road signs and other signs

Pierwsze rozmowy w obcym mieście 30
First conversations in a strange town

Podstawowe zwroty grzecznościowe 32
Getting acquainted

Wyrażanie zgody, odmowa zgody, możliwe kłopoty z natrętami 34
Agreement, disagreement, dealing with intruders

Komisariat policji 36
Police station

Wypadek, zasłabnięcie, wzywanie pomocy 37
Accident, feeling sick, asking for help

Spis treści

Szersze informacje o sobie i rodzinie 39
More information about yourself and your family

Rodzina (angielskie określenia różnych stopni pokrewieństwa) 42
Family relationships

Prośba o podstawowe informacje 43
Request for basic information

Miejska kolej podziemna (metro) 45
Subway

Autobusy miejskie (na przykładzie Nowego Jorku) 46
City buses

Autobusy dalekobieżne (Greyhound i inne) 48
Long distance buses

Tanie zwiedzanie Ameryki autobusami Greyhound 51
Cheap USA excursions rates on Greyhound buses

Podróże koleją (AMTRAK) 51
AMTRAK

Możliwości taniego podróżowania samolotami 53
Inexpensive air travel

Poczta 54
The post office

Bank 59
The bank

Bary szybkiej obsługi 61
Fast food outlets

Kafeteria – restauracja 63
Cafeteria – restaurant

W restauracji ze znajomymi 65
In a restaurant with friends

Potrawy mięsne 67
Meat dishes

Ryby i małże 67
Fish and shellfish

Napoje 68
Drinks

Zakupy – ceny, tanie sklepy 68
Shopping – prices, less expensive shops

Kupowanie odzieży 71
Buying clothing

Spis treści

Niektóre elementy garderoby męskiej 76
Some articles of men's wear

Niektóre elementy garderoby damskiej 77
Some articles of women's wear

Fryzjer męski 78
Barber

Fryzjer damski 80
Hairdresser

Pralnia chemiczna 82
Dry cleaner

Pralnie samoobsługowe 83
Laundromats

Poszukiwanie pracy, zmiana pracy 85
Looking for work – changing jobs

Nazwy zawodów i specjalności 88
Names of occupations and professions

Poszukiwanie pracy – pomoc domowa, etc. 90
Looking for work – housework, etc.

Skróty w ogłoszeniach o mieszkaniach 92
Abbreviations in home ads

Wynajmowanie mieszkania 96
Renting an apartment

Szkoła amerykańska, zapisywanie dzieci 100
American school – enrolling the children

Pożyteczne wyrazy dotyczące szkoły i organizacji pracy w szkole 103
Useful terms related to schools and schoolwork

Gospodarstwo domowe – przedmioty w kuchni 105
Housekeeping – kitchen utensils

Gospodarstwo domowe – łazienka 106
Housekeeping – bathroom

Pomieszczenie gospodarcze lub piwnica 107
Basement

Naprawy domowe 107
House repairs

Podstawowe narzędzia domowe 109
Basic household tools

Użyteczne przedmioty 110
Useful objects

Spis treści

Gotowanie potraw w domu 111
Cooking meals at home

Kłopoty ze zdrowiem 116
Health problems

Dentystyka – możliwości taniego leczenia 119
Dental care

Częściej spotykane dolegliwości i choroby 121
More common health problems

Niektóre części ciała 122
Some parts of the human body

Nazwy niektórych specjalności medycznych 123
Names of medical specialties

Skróty w ogłoszeniach – samochody na sprzedaż 124
Abbreviations in car sales ads

Jazda samochodem 126
Driving a car

Hotele i motele 135
Hotels and motels

Święta amerykańskie 137
American holidays

Mile i kilometry 138
Miles and kilometers

Stopnie Celsjusza i Fahrenheita 139
Celsius and Fahrenheit

Numery i liczby 140
Using numbers

Pieniądze 144
Using money

Czas 145
Time

Słowa, których ceną może być życie 147
Words which may cost your life

Słowa-pułapki 148
Easily confused words

Jak posługiwać się tą książeczką?

Rozmówki amerykańskie dla Polaków przeznaczone są dla osób przyjeżdżających do Stanów Zjednoczonych i nie znających języka angielskiego, bądź znających go w stopniu nie wystarczającym do porozumiewania się.

Krótkie, proste zdania, zawarte w tej książeczce, pozwalają na porozumiewanie się w najprostszych sprawach, w najbardziej typowych sytuacjach, zawierają najbardziej potrzebne pytania i najczęściej spotykane odpowiedzi.

Wcześniejsze zapoznanie się z układem wymienionych w spisie treści kolejnych typowych sytuacji pozwoli na łatwiejsze znalezienie potrzebnych nam zdań i sformułowań.

Przykładowe tytuły rozdziałów w spisie treści:

PODSTAWOWE INFORMACJE O SOBIE   str.12
KŁOPOTY Z JĘZYKIEM I ZROZUMIENIEM   str.14
ODPRAWA PASZPORTOWA NA LOTNISKU   str.15
ODPRAWA CELNA   str.18
DOJAZD Z LOTNISKA DO MIASTA   str.25

Tam, gdzie jest to potrzebne, na początku rozdziału podane są podstawowe informacje dotyczące np. funkcjonowania danej instytucji, usługi, środka komunikacji publicznej itp.

Przykładowo:

Kolej podziemna (subway) w Stanach Zjednoczonych może funkcjonować na najróżniejszych zasadach. W Waszyngtonie koszt przejazdu jest zmienny, zależny od odległości, a także pory dnia (w godzinach szczytu opłata za przejazd jest większa). W Nowym Jorku koszt przejazdu jest stały i wynosi $1.50 (dane z 1997 r.) nie zależnie od odległości czy pory dnia.

Rozmówki zgrupowane są w rozdziałach, obejmujących poszczególne sytuacje, zawierają najbardziej typowe, potrzebne zdania, pytania i odpowiedzi.

Ramką oznaczone są najbardziej prawdopodobne pytania i odpowiedzi, kierowane do nas przez rozmówcę, czy rozmówców.

Jeśli nie rozumiemy skierowanego do nas zdania, możemy prosić rozmówcę, aby wskazał nam odpowiednie sformułowanie w ramce.

Zdania, najczęściej kierowane do nas, umieszczane bywają też pojedyńczo w tekstach rozmówek poszczególnych rozdziałów – tam, gdzie wymaga tego ciągłość przewidywanego dialogu. W takich

9

Jak posługiwać się tą książeczką?

przypadkach zdanie, które najprawdopodobniej będzie kierowane do nas, jest oznaczone gwiazdką „ * ”.

Dla oszczędności miejsca w części przytaczanych zdań używa się jedynie wariantów rodzaju męskiego. Zakłada się, że polskie formy żeńskie i nijakie są znane użytkownikowi i odpowiadają praktycznie tym samym zwrotom angielskim. Język angielski nie rozróżnia form rodzaju gramatycznego w rzeczownikach, przymiotnikach, przysłówkach i niektórych zaimkach.

Podstawowy człon zdania zakończony jest trzykropkiem „ ... ” tam, gdzie istnieją różne warianty pytania czy odpowiedzi.

Przykład z rozdziału POCZTA:
Proszę o znaczek na list...
...zwykły krajowy
...zagraniczny
...polecony
...polecony ze zwrotnym potwierdzeniem odbioru
...ekspress

Część zdania w nawiasie zwykłym może być pominięta.

Przykład z rozdziału zakupy:
To jest (bardzo) drogie.
This is (very) expensive.

Część zdania w nawiasie kwadratowym oznacza wariant.

Przykład:
Ja chcę [Ja chciałbym] iść do domu.
I want [I'd like] to go home.

UWAGA:
Rozróżnianie stopnia poufałości w języku angielskim w porównaniu z językiem polskim jest trudniejsze i mniej oczywiste. Angielskie YOU tłumaczy się zarówno przez TY/WY jak i przez PAN/PANI, w zależności od sytuacji. Generalnie biorąc, Amerykanie zwracają się do siebie w sposób bardziej poufały niż większość Europejczyków.

Nawet w sytuacji tak formalnej, jak wizyta u lekarza, pacjent amerykański zwraca się do niego per „doktorze Smith” raczej, niż „panie doktorze Smith”, a jeszcze częściej poprostu „doktorze”. Lekarz najczęściej zwraca się do pacjenta po imieniu. Nie oznacza to jednak takiego stopnia poufałości, jaką mógłby sugerować język polski. Niniejsze rozmówki oddają w pewnym stopniu nieformalność

Jak posługiwać się tą książeczką?

języka angielskiego (w wydaniu amerykańskim), który może nam się wydawać bardziej poufały od tego, do którego jesteśmy przyzwyczajeni. W polskich odpowiednikach takich zwrotów najczęściej staraliśmy się zachować bardziej bliski duchowi języka polskiego formalny charakter.

Literowanie

a — ej	j — dżej	s — es
b — bi	k — kej	t — ti
c — si	l — el	u — ju
d — di	m — em	v — wi
e — i	n — en	w — dabl ju
f — ef	o — oł	x — eks
g — dżi	p — pi	y — łaj
h — ejcz	q — kju	z — zi
i — aj	r — ar	

Wymowa angielska

Wszyscy Polacy mają na początku trudności z wymawianiem pewnych słów i dźwięków, szczególnie „th". Po każdym zdaniu podamy fonetyczny odpowiednik w pewnym przybliżeniu.

Angielska spółgłoska „th" jest „sepleniona" i może być wymawiana trojako:

w słowie: „thank" jako „t" seplenione – oznaczone tutaj jako „ t~ "

w słowie: „bath" jako „s" seplenione – oznaczone tutaj jako „ s~ "

w słowie: „they" jako „d" seplenione – oznaczone tutaj jako „ d~ "

Sylaby akcentowane oznaczone są przez „ ' ".

Podstawowe informacje o sobie

Jak się pan [pani] nazywa? — **What is your name?**
łat yz jur nejm

Skąd pan [pani] jest? — **Where do you come from?**
łer du ju kam from

Na jak długo pan [pani] tu przyjechał — **How long do you plan to stay**
[przyjechała]? **here?**
hał long du ju plen tu stej hiir

Jaki jest pana [pani] zawód? — **What is your profession?**
łat yz jur pro-feszn'

Czy jest pan żonaty [pani zamężna]? — **Are you married?**
ar ju mer'-ed

Gdzie pan [pani] teraz mieszka? — **Where do you live now?**
łer du ju lyw nał

Jak się literuje pana [pani] nazwisko? — **How do you spell your name?**
hał du ju spel jur nejm

Nazywam się Adam Darski. — **My name is Adam Darski.**
maj nejm yz Adam Darski

Adam to jest imię, Darski to — **Adam is my first name, Darski is**
nazwisko. **my last name.**
Adam yz maj ferst nejm, Darski yz maj last nejm

Jestem Polakiem. — **I am a Pole.**
aj em a Poul

Jestem z Warszawy. — **I come from Warsaw.**
aj kam from łor'-so

Jestem z zawodu…. — **I am … by profession.**
aj em … baj pro-feszn'

Mam 32 lata. — **I am 32 years old.**
aj em d˜er'-ty tu jirs old

Mieszkam… — **I live…**
aj lyw…

… u znajomych. **…with friends**
wyt˜ frends

... w wynajętym mieszkaniu.	...**in a rented apartment** *yn e ren'-ted a-part'-ment*
... w domu studenckim.	...**in a student hostel** *yn e stiu'-dent hos'-tel*
Jestem tu od... —	**I have been here for...** *aj hew byn hiir for...*
... tygodnia.	...**a week** *e łiik*
... miesiąca	...**a month** *e mant˜*
... pół roku.	...**half a year** *haf e yir*

Jestem żonaty [zamężna]. — **I am married**
aj em me'-red

Nie jestem żonaty [zamężna]. — **I am not married**
aj em not me'-red

Mam ... dzieci. — **I have ... children**
aj hew ... czyld'-ren

Nazywają się... — **Their names are...**
d˜ejr nejms ar...

Pobędę tu jeszcze jakiś czas. — **I will stay here for some time**
aj łyl stej hiir for sam tajm

Wracam do Polski za... miesiące. — **I am going back to Poland in ... months**
aj em going bek tu Poł'-lend yn ... mant˜s

Kłopoty z językiem i zrozumieniem

Znam angielski raczej słabo. — **My English is rather poor.**
maj yng'-lysz yz ra'-d˜er puur

Czy pan [pani] mnie rozumie? — **Do you understand me?**
du ju an-der-stend' mi

Rozumiem. — **I understand.**
aj an-der-stend'

Nie rozumiem. — **I do not understand.**
aj du not an-der-stend'

Czy może pan [pani] mówić wolno? — **Can you speak slowly, please?**
ken ju spiik slou'-ly, pliiz

Czy może pan [pani] to powtórzyć? — **Could you repeat that, please?**
kud ju re-piit' d˜at, pliiz

Czy może pan [pani] napisać to na — **Could you write that down,**
kartce? **please?**
kud ju rajt d˜at dałn, pliiz

Proszę wskazać odpowiednie zdanie w — **Please indicate the right phrase**
ramce. **in the box.**
pliiz yn'-dy-kejt d˜e rajt frejz yn
d˜e boks

Proszę poczekać, poszukam — **Please wait, I will find the right**
odpowiedniego zdania w tej książce. **phrase in this book.**
pliiz łejt, aj łyl fajnd d˜e rajt
frejz yn d˜yz buk

Odprawa paszportowa na lotnisku

O tym, na jaki okres zostaje ostatecznie przyznana wiza, decyduje funkcjonariusz urzędu imigracyjnego na lotnisku. Dlatego właściwe przedstawienie własnej sytuacji zawodowej i rodzinnej może mieć istotne znaczenie.

ZDANIA NAJCZĘŚCIEJ KIEROWANE DO NAS

Proszę o pański paszport. — **Your passport, please.**
jur pas'-port, pliiz

W jakim celu pan przyjechał? — **Why did you come to the USA?**
łaj dyd ju kam tu d˜e ju'-es-ej

Jak długo chciałby pan zostać w — **How long would you like to stay**
USA? **in the USA?**
hał long łud ju lajk tu stej
in d˜e ju'-es-ej

Kto pokrywa koszty pańskiego — **Who will provide your support**
utrzymania w USA? **in the USA?**
hu łyl pro-wajd' jur su-port'
yn d˜e ju'-es-ej

Proszę pokazać gotówkę i czeki — **Please show me your cash and**
podróżne. **traveler's checks.**
pliiz szoł mi jur kesz end
tra'-we-lers czeks

Czy zamierza pan starać się o pracę w — **Do you plan to look for work in**
Stanach Zjednoczonych? **the USA?**
du ju plen tu luk for łerk
yn d˜e ju'-es-ej

Przyjechałem... — **I came...**
aj kejm

... odwiedzić rodzinę. **...to visit my family.**
tu wy'-zyt maj fe'-my-ly

... turystycznie. **...as a tourist.**
ez ej tu'-ryst

... żeby studiować. **...to study.**
tu sta'-dy

Odprawa paszportowa na lotnisku

... na stypendium.　　　...on a scholarship.
　　　　　　　　　　　　on ej sko'-lar-szyp

Chciałbym być w Stanach... — I would like to stay in the USA
　　　　　　　　　　　　for...
　　　　　　　　　　　　aj łud lajk tu stej yn d~e ju'-es-ej
　　　　　　　　　　　　for...

... trzy miesiące.　　　...three months.
　　　　　　　　　　　　t~rii mant~s

... pół roku.　　　...half a year.
　　　　　　　　　　　　hef e jir

... tak długo, jak mi pozwoli wiza.　...for the full length of the visa.
　　　　　　　　　　　　for d~e ful lengs~ ow d~e vi'-za

Chciałbym być przez trzy miesiące u — I would like to stay three months
rodziny, a później przez miesiąc　with my family and then travel
zwiedza?　　　　　　　for one month.
　　　　　　　　　　　　aj łud lajk te stej t~rii mant~s
　　　　　　　　　　　　łyt~ maj fe'-my-ly end d~en tra'-vel
　　　　　　　　　　　　for łan mont~

Czy może pan dać mi pobyt o miesiąc — Could you extend my stay by a
dłuższy?　　　　　　　month?
　　　　　　　　　　　　kud ju eks-tend' maj stej baj ej
　　　　　　　　　　　　mant~

Mam tysiąc dolarów w czekach — I have a thousand dollars in
podróżnych.　　　　　traveler's checks.
　　　　　　　　　　　　aj hew ej t~ał'-zend do'-lars yn
　　　　　　　　　　　　tra'-velerz czeks

Nie zamierzam pracować w Stanach — I do not intend to work in the
Zjednoczonych.　　　USA.
　　　　　　　　　　　　aj du not yn-tend' tu łork yn d~e
　　　　　　　　　　　　ju'-es-ej

Koszty mojego pobytu pokrywa... — My support is provided by ...
　　　　　　　　　　　　maj sa-port' yz pro-waj'-ded baj...

... rodzina.　　　...my family.
　　　　　　　　　　　　maj fe'-my-ly

... sponsor.　　　...my sponsor.
　　　　　　　　　　　　maj spon'-sor

Odprawa paszportowa na lotnisku

... przyjaciele, którzy mnie zaprosili.

...the friends who invited me.
d˜e frends hu yn-waj'-ted mi

Moja rodzina chce, żebym został — dłużej.

My family wants me to stay longer.
maj fe'-my-ly łonts mi tu stej lon'-ger

Gdzie mogę złożyć wniosek o przedłużenie pobytu?

Where can I apply to extend my stay?
łer ken aj ap-laj' tu eks-tend' maj stej

Gdzie jest bagaż z lotu Nr ... z Warszawy?

Where is the luggage from flight No...from Warsaw?
łer yz d˜e la'-gedż from flajt nam'-ber ... from łor'-so

Gdzie mogę znaleźć wózek.bagażowy?

Where can I find a luggage cart?
łer ken aj fajnd ej la'-gedż kart

Zginęła moja walizka z kwitem bagażowym Nr ...

I lost my suitcase with luggage check number...
aj lost maj sut'-kejs łyt˜ la'-gedż czek nam'-ber...

Proszę się zwrócić do biura reklamacji bagażu.

Please contact the lost baggage office.
pliz kon'-tekt d˜e lost be'-gydż o-'fys

17

Odprawa celna

Czy przewozi pan [pani] … — **Are you transporting…**
ar ju trans-port'-yng…

… broń? **…arms?**
armz

… narkotyki? **…narcotics?**
nar-ko'-tyks

… kosztowności? **…valuables?**
wa'-lju-bols

… pieniądze w większej ilości? **…large sums of money?**
lardż sams ow ma'-nej

Czy ma pan [pani] coś do oclenia? — **Do you have anything to declare?**
du ju hew eny'-t˜yng tu dek-leer'

Mam tylko rzeczy osobiste. — **I only have personal possessions.**
aj oun'-ly hew per'-so-nol po-ze'-szons

Nie mam nic do oclenia. — **I have nothing to declare.**
aj hew na'-t˜yng tu de-kleer'

Mam karton papierosów i butelkę koniaku. — **I have a carton of cigarettes and a bottle of cognac.**
aj hew e kar'-tyn ow sy'-ga-rets end e botl ow ko'-niak

To są prezenty. — **These are presents.**
d˜iiz ar pre'-zents

To są rzeczy używane. — **These are used things.**
d˜iiz ar juzd t˜yngs

Ile będę musiał zapłacić? — **How much will I have to pay?**
hał macz łyl aj hew tu pej

18

Telefonowanie – rozmowy miejscowe i zamiejscowe

W Stanach Zjednoczonych z każdego telefonu publicznego można przeprowadzić zarówno rozmowę miejscową, jak i zamiejscową, międzymiastową czy zagraniczną. W związku z tym w urzędach pocztowych nie ma znanych w Polsce specjalnych działów telefonicznych. Jeżeli zamierzamy po przylocie telefonować z lotniska, warto przed wyjazdem zaopatrzyć się w pewną ilość monet, żeby oszczędzić sobie poszukiwania automatu, zmieniającego banknoty na monety. Najpierw wrzuca się monetę, następnie wybiera się na tarczy numer. Przy rozmowie miejscowej (koszt 25 centów, dane z 1997 r.) numer wybiera się bezpośrednio. Przy rozmowach międzymiastowych (a także przy rozmowach między dzielnicami w niektórych wielkich miastach) po wrzuceniu monety wybiera się najpierw zawsze 1 i dopiero po tym trzycyfrowy numer kierunkowy (area code) i numer abonenta. Przyjezdni często zapominają, że w każdej rozmowie, poza miejscowymi, przed wybraniem numeru kierunkowego należy najpierw wybrać jedynkę. Dotyczy to całych Stanów Zjednoczonych. Numery kierunkowe ważniejszych miast podane są na końcu tego rozdziału.

Przy rozmowach zamiejscowych po wybraniu przez nas numeru z reguły zgłasza się operator [operatorka] z centrali telefonicznej i informuje nas, ile dodatkowo musimy wrzucić, żeby uzyskać połączenie. W przypadkach słabszej znajomości języka, warto przy rozmowie międzymiastowej poprosić kogoś, aby pomógł nam porozumieć się z operatorem i powiedział, ile monet mamy wrzucić.

Gdzie mogę zmienić banknoty na monety do telefonu?	**Where can I get some change for the telephone?** *ter ken aj get sam czejndż for d~e te'-le-fołn*
Gdzie jest najbliższy telefon publiczny?	**Where is the nearest public telephone?** *ter yz d~e ni'-rest pab'-lik te'-le-fołn*
Jestem cudzoziemcem, słabo znam angielski.	**I am a foreigner and my English is poor.** *aj em ej fo'-rej-ner end maj yn'-glysz yz puur*

Telefonowanie – rozmowy miejscowe i zamiejscowe

Przepraszam, mam trudności ze znalezieniem numeru telefonu w tej książce. — **Excuse me, I am having trouble finding the right number in this phone book.**
eks-kjuz' mi, aj em he'-wing trabl fajn'-dyng d~e rajt nam'-ber yn d~yz foln buk

Czy mógłby mi pan [pani] pomóc znaleźć numer telefonu moich znajomych? — **Could you help me find the phone number of my friends?**
kud ju help mi fajnd d~e foln nam'-ber ow maj frends

Nazwisko Kamiński, mieszkają na 5-tej alei na Brooklynie. — **The name is Kamiński and they live on Fifth Avenue in Brooklyn.**
d~e nejm yz Kamiński end d~ej lyw on fyfs~ a'-we-niu yn bruk'-lyn

Czy mógłby pan [pani] wybrać za mnie ten numer zamiejscowy w ... i zapytać operatora [rkę] w centrali, ile monet mam wrzucić? — **Could you dial this long distance number in... for me and ask the operator what coins I have to put in?**
kud ju dajl d~ys long dys'-tens nam'-ber yn...for mi end ask d~e o'-pe-rej-tor łat koins aj hew tu put yn

Bardzo panu [pani] dziękuję. — **I thank you very much.**
aj t~enk ju we'-ry macz

Czy mogę mieć rozmowę na koszt odbiorcy? — **Can I call collect?**
ken aj kol ko-lekt'

Chciałbym zamówić rozmowę na koszt odbiorcy, nazwisko Nowak w Chicago, numer... Moje nazwisko Darski. — **I would like to call collect, the name is Nowak in Chicago, phone number... My name is Darski.**
aj łud lajk tu kol kolekt, d~e nejm yz Nowak yn szy-ka'-go, foln nam'-ber...maj nejm yz Darski

Telefonowanie – rozmowy miejscowe i zamiejscowe

Chcę zamówić rozmowę z przywołaniem, nazwisko John Kamiński. — **I would like to call Mr John Kamiński in Chicago, person-to-person. The number is...**
aj łud lajk tu kol mys'-ter Dżon Kaminski yn szy-ka'-go, per'-son tu per'-son, d~e nam'-ber yz...

Przepraszam, wydaje mi się , że mam niewłaściwy numer. — **I am sorry, I think I have the wrong number.**
aj em so'-ry, aj t~yng aj hew d~e rong nam'-ber

Czy może pan [pani] pomóc mi znaleźć właściwy numer? — **Could you please help me find the right number?**
kud ju pliiz help mi fajnd d~e rajt num'-ber

ZDANIA NAJCZĘŚCIEJ KIEROWANE DO NAS

Proszę poczekać, sprawdzę, czy rozmowa na koszt odbiorcy jest możliwa. — **Please wait, I will check if the party will accept the collect call.**
pliiz wejt, aj łyl czek yf d~e par'-ty łyl ak-sept' d~e ko-lekt' kol

Proszę chwilę poczekać. — **Please hold.**
pliiz hold

Numer nie odpowiada. — **The number does not answer.**
d~e num'-ber daz not an'-ser

Proszę wrzucić dodatkowo 90 centów. — **Please put in another ninety cents.**
pliiz put yn e-na'-d~er najn'-ty sents

Linia jest zajęta. — **The line is busy.**
d~e lajn yz by'-zy

Jak się literuje to nazwisko? — **How do you spell the name?**
hał du ju spel d~e nejm

21

Telefony bezpłatne – pomoc w nagłych wypadkach – 911 – i telefony bezpłatne w instytucjach 1 – 800 – ...

W całych Stanach Zjednoczonych (z wyjątkiem najmniejszych i najbardziej oddalonych miejscowości, gdzie taka służba nie jest jeszcze zorganizowana) można przez numer 911 bezpłatnie wezwać pogotowie lekarskie, straż pożarną czy policję.

W Ameryce bezpłatnie (toll-free) można także telefonować do wielu instytucji, zazwyczaj ogłaszających się w prasie, telewizji bądź przez plakaty, wywieszane w środkach miejskiej komunikacji. Dotyczy to niektórych instytucji użyteczności publicznej oraz wielu przedsiębiorstw komercyjnych.

Przykładowo - bezpłatny, czynny całą dobę numer polskich linii lotniczych LOT w Nowym Jorku (można dzwonić bezpłatnie z całych Stanów Zjednoczonych) to 1 - 800 - 223 - 0593.

Numery kierunkowe ważniejszych miast amerykańskich

WASZYNGTON D.C. 202		CHICAGO 312	
NOWY JORK CITY		CLEVELAND 216	
Manhattan 212		DETROIT 313	
Brooklyn 718		HOUSTON 713	
Staten Island 718		MIAMI 305	
Queens 718		LOS ANGELES 213	
Bronx 718		PHILADELPHIA 215	
BUFFALO 716		PITTSBURGH 412	
LONG ISLAND 516		SAN FRANCISCO 415	
NEWARK 201			

Numery telefonów w nagłych wypadkach

22

Numery kierunkowe w poszczególnych stanach

Alabama
Birmingham	205
Mobile	334

Alaska 907

Arizona
Phoenix	602
Tucson	520

Arkansas 501

California
Fresno	209
Los Angeles	213
Long Beach	310
Oakland	510
Orange	714
Pasadena	818
Sacramento	916
San Diego	619
San Francisco	415
San Jose	408
Santa Barbara	805
Santa Rosa	707

Colorado
Aspen	970
Boulder	303
Breckenridge	970
Colorado Springs	719
Denver	303
Ft. Collins	970
Grand Junction	970
Pueblo	719
Vail	970

Connecticut
Greenwich	203
Hartford	860

Delaware 302

District of Columbia
Washington, D.C.	202

Florida
Belle Glade	561
Boca Raton	561
Clearwater	813
Daytona Beach	904
Ft. Lauderdale	954
Ft. Myers	941
Ft. Pierce	561
Hollywood	954
Miami	305
Orlando	407
Pompano Beach	305
Stanford	407
Tampa	813
Titusville	407
Vero Beach	407
West Palm Beach	407

Georgia
Athens	706
Atlanta	404
Augusta	706
Columbus	706
Macon	912
Savannah	912

Hawaii 808

Idaho 208

Illinois
Alton	618
Belleville	618
Bloomington	309
Chicago	312
Joliet	815
Peoria	309
Rockford	815
Springfield	217
Waukegan	708

Indiana
Bloomington	812
Elkhart	219
Evansville	812
Indianapolis	317
Kokomo	317
LaPorte	219
South Bend	219

Iowa
Cedar Rapids	319
Council Bluffs	712
Davenport	319
Des Moines	515
Dubuque	319

Kansas
Hutchinson	316
Lawrence	913
Topeka	913
Wichita	316

Kentucky
Ashland	606
Lexington	606
Louisville	502
Owensboro	502
Paducah	502

Louisiana
Baton Rouge	504
Monroe	318
New Orleans	504
Shreveport	318

Maine 207

Maryland
Annapolis	410
Baltimore	410
Bel Air	410
Cumberland	301
Frederick	301
Hagerstown	301
La Plata	301
Laurel	301
Ocean City	410
Rockville	301
Salisbury	410
Towson	410

Massachusetts
Boston	617
Brockton	508
Cambridge	617
Framingham	508
Lawrence	508
Lowell	508
New Bedford	508
Northampton	413
Pittsfield	413
Quincy	617
Springfield	413
Waltham	617
Worcester	508

Michigan
Ann Arbor	313
Detroit	313
Grand Rapids	616
Jackson	517
Kalamazoo	616
Lansing	517
Marquette	906
Muskegon	616
Pontiac	313
Saginaw	517
Sault Ste. Marie	906

Minnesota
Duluth	218
Minneapolis	612
Rochester	507
St. Paul	612

Mississippi 601

Missouri
Columbia	314
Joplin	417
Kansas City	816
St Joseph	816
St. Louis	314
Springfield	417

Montana 406

Nebraska
Grand Island	308
Lincoln	402
Omaha	402
Scottsbluff	308

Nevada 702

New Hampshire 603

New Jersey
Atlantic City	609
Camden	609
Cape May	609
Elizabeth	908
Freehold	908
Hackensack	201
Morristown	201
Newark	201
New Brunswick	908
Paterson	201
Toms River	908
Trenton	609
Vineland	609
Woodbury	609

New Mexico 505

New York
Albany	518
Binghamton	607
Buffalo	716
Cortland	607
Elmira	607
Hempstead	516
Hudson	518
Ithaca	607
Lockport	716
Monroe	914
Mount Vernon	914
Niagara Falls	716
Peekskill	914
Poughkeepsie	914
Rochester	716
Schenectady	518
Syracuse	315
Troy	518
Utica	315
White Plains	914

New York City
Bronx	718
Brooklyn	718
Manhattan	212
Queens	718
Staten Island	718
Mobile	917

North Carolina
Asheville	704
Charlotte	704
Greensboro	910
Raleigh	919
Winston-Salem	910

North Dakota 701

Ohio
Akron	216
Cincinnati	513
Cleveland	216
Columbus	614
Dayton	513
Mansfield	419
Springfield	513
Toledo	419
Youngstown	216

Oklahoma
Lawton	405
Muskogee	918
Oklahoma City	405
Tulsa	918

Oregon 503

Pennsylvania
Allentown	215
Altoona	814
Bethlehem	610
Bradford	814
Easton	215
Erie	814
Harrisburg	717
Indiana	412
Lancaster	717
Lebanon	717
Norristown	215
Philadelphia	215
Pittsburgh	412
Pottstown	215
Reading	215
Rochester	412
Scranton	717
Sharon	412
Stroudsburg	717
Warren	814
Washington	412
Wilkes-Barre	717

Puerto Rico 809

Rhode Island 401

South Carolina 803

South Dakota 605

Tennessee
Chattanooga	615
Knoxville	423
Memphis	901
Nashville	615

Texas
Amarillo	806
Austin	512
Dallas	214
El Paso	915
Ft. Worth	817
Galveston	409
Houston	713
San Antonio	210
Tyler	903
Waco	817

Utah 801

Vermont 802

Virgin Islands 809

Virginia
Alexandria	703
Arlington	703
Charlottesville	804
Fredericksburg	540
Newport News	804
Norfolk	804
Richmond	804
Roanoke	540

Washington
Olympia	360
Seattle	206
Spokane	509
Tacoma	206
Walla Walla	509

West Virginia 304

Wisconsin
Beloit	608
Eau Claire	715
Madison	608
Milwaukee	414
Racine	414
Wausau	715

Wyoming 307

Mapa Stanów Zjednoczonych

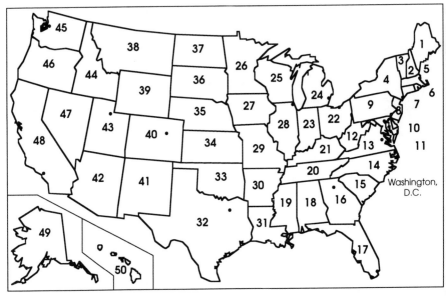

50 STANÓW

Alabama	18
Alaska	49
Arizona	42
Arkansas	30
California	48
Colorado	40
Connecticut	7
Delaware	10
Florida	17
Georgia	16
Hawaii	50
Idaho	44
Illinois	28
Indiana	23
Iowa	27
Kansas	34
Kentucky	21
Louisiana	31
Maine	1
Maryland	11
Massachusetts	5
Michigan	24
Minnesota	26
Mississippi	19
Missouri	29
Montana	38
Nebraska	35
Nevada	47
New Hampshire	2
New Jersey	8
New Mexico	41
New York	4
North Carolina	14
North Dakota	37
Ohio	22
Oklahoma	33
Oregon	46
Pennsylvania	9
Rhode Island	6
South Carolina	15
South Dakota	36
Tennessee	20
Texas	32
Utah	43
Vermont	3
Virginia	13
Washington	45
West Virginia	12
Wisconsin	25
Wyoming	39

WAŻNIEJSZE MIASTA

Atlanta, Georgia	16
Baltimore, Maryland	11
Boston, Massachusetts	5
Chicago, Illinois	28
Cleveland, Ohio	22
Dallas, Texas	32
Denver, Colorado	40
Detroit, Michigan	24
Honolulu, Hawaii	50
Los Angeles, California	48
Miami, Florida	17
New Orleans, Louisiana	31
New York, New York	4
Philadelphia, Pennsylvania	9
Richmond, Virginia	13
Salt Lake City, Utah	43
San Francisco, California	48
Seattle, Washington	45

Dojazd z lotniska do miasta

Najtańszym sposobem dotarcia z lotniska do centrum jest w Stanach Zjednoczonych z reguły komunikacja autobusowa. Przystanki są w pobliżu wyjść z dworca lotniczego, wysokość opłat jest zróżnicowana, w zależności od miasta. Bagaż (2 walizki i torbę podręczną) można wieźć bezpłatnie.

Z niektórych lotnisk (np. z lotniska O'Hare w Chicago) można się dostać do miasta również specjalną linią kolei miejskiej (subway). Opłaty są różne, w zależności od miasta; bagaż się wiezie bezpłatnie. Bezpłatny jest również plan kolei podziemnej, który można dostać w kasach.

Stosunkowo najszybszym, ale i najdroższym sposobem dostania się do śródmieścia jest taksówka. Ponieważ taryfy co jakiś czas się zmieniają, warto przed podjęciem decyzji zapytać o koszt przejazdu.

Autobus

Jak można najtaniej dojechać do miasta? — **What is the cheapest way to go to the city?**
łat yz d~e czi'-pest łej tu goł tu d~e sy'-ty

Czy to daleko? — **Is it far?**
yz yt faar

Czy jeżdżą stąd autobusy do centrum? — **Are there buses from here to the center of town?**
ar d~er ba'-sys from hiir tu d~e sen'-ter ow tałn

Jak często kursuje autobus? — **How often does the bus run?**
hał of'-en daz d~e bas ran

Gdzie jest przystanek autobusu do miasta? — **Where is the bus stop for the city?**
łeer yz d~e bas stop for d~e sy'-ty

Czy za walizki obowiązuje dopłata? — **Is there an extra charge for suitcases?**
yz d~eer en ek'-stra czardż for sut'-kej-sys

Autobus

Autobus odjedzie za … minut.	**The bus will leave in…minutes.** *dˉe bas łyl liiv yn …myˊ-nyts*
Przejazd trwa około … minut.	**The trip takes about…minutes.** *dˉe tryp tejks e-bałtˊ …myˊ-nyts*
Dwie walizki może pan wieźć za darmo.	**You can take two suitcases for free.** *ju ken tejk tu sutˊ-kej-sys for frii*
Proszę postawić walizki z boku obok autobusu.	**Please leave the suitcases at the side of the bus.** *pliiz liiv dˉe sutˊ-kej-sys et dˉe sajd ow dˉe bas*
Kierowca wstawi je do pomieszczenia bagażowego.	**The driver will load them in the baggage compartment.** *dˉe drajˊ-wer łyl lołd dˉem yn dˉe beˊ-gydż kom-partˊ-ment*
Kierowca wyda panu[pani] bagaż przy wysiadaniu.	**The driver will give you the baggage when you get off.** *dˉe drajˊ-wer łyl gyw ju dˉe beˊ-gedż łen ju get of*

Kolej podziemna

Gdzie jest wejście do kolei podziemnej do miasta?	**Where is the entrance to the subway going to the city?** *łeer ys dˉe enˊ-trens tu dˉe sabˊ-łej go-yng tu dˉe syˊ-ty*
Ile kosztuje przejazd kolejką do centrum?	**How much is the trip by subway to the center of town?** *hał macz yz dˉe tryp baj sabˊ-łej tu dˉe senˊter ow połn*
Jak często kursuje kolejka?	**How often do the trains run?** *hał oˊ-fen du dˉe trejns ran*
Ile czasu jedzie się do …	**How long does it take to…** *hał long daz yt tejk tu…*

Kolej podziemna

Czy bagaż można wieźć bezpłatnie? — **Can I take the luggage free of**
charge?
ken aj tejk d˜e la'-gedż frii ow
czrdż

Czy mogę dostać plan kolei — **Can I get a map of the subway**
podziemnej? **system?**
ken aj get ej map ow d˜e sab'-łej
sys'-tem

Gdzie jest wejście na peron? — **Where is the platform?**
łeer yz the plat'-form

ZDANIA NAJCZĘŚCIEJ KIEROWANE DO NAS

Przejazd do centrum kosztuje... — **The trip to the center of town**
costs...
d˜e tryp tu d˜e sen'-ter ow tałn
kosts...

Kolejka jeździ co ... minut. — **The trains run every ... minutes.**
d˜e trejns ran ew'-ry ... my'-nyts

Do miasta jedzie się ... minut. — **The trip to town takes ...**
minutes.
d˜e tryp tu tałn tejks ...my'-nyts

Bagaż wiezie się bezpłatnie. — **There is no charge for the**
luggage.
d˜eer yz no czardż for d˜e la'-gedż

Plan jest bezpłatny. — **The plan is free of charge.**
d˜e plen yz frii ow czardż

Wejście jest tam. — **The entrance is there.**
d˜e en'-trens yz d˜eer

Taksówki

Gdzie jest najbliższy postój taksówek? — **Where is the nearest taxi stand?**
leer yz d˜e nii'-rest ta'-ksi stend

Czy długo się czeka na taksówkę? — **How long does one have to wait for a taxi?**
hał long daz łan hef tu łejt for e ta'-ksi

Ile kosztuje przejazd taksówką do...? — **What is the taxi fare to...?**
łat yz d˜e ta'-ksi feer tu...

Ile czasu jedzie się taksówką do centrum? — **How long does it take to go by taxi to the center?**
hał long daz yt tejk tu goł baj ta'-ksi tu d˜e sen'-ter

ZDANIA NAJCZĘŚCIEJ KIEROWANE DO NAS

Postój jest w pobliżu wyjścia numer... — **The taxi stand is near exit number...**
d˜e ta'-ksi stend yz niir e'-ksyt nam'-ber

Na taksówkę czeka się 5 - 10 minut. — **Usually you wait 5-10 minutes for a taxi.**
ju'-ziu-ly ju łejt fajv-ten my'-nyts for e ta'-ksi

Koszt przejazdu taksówką do centrum wynosi ... — **The taxi fare to the center of town is ...**
d˜e ta'-ksi feer tu d˜e sen'-ter ow tałn yz...

Czas przejazdu wynosi średnio ... minut. — **The trip takes on average ... minutes.**
d˜e tryp tejks on e'-vredż ... my'-nyts

Rozpoznawanie znaków i napisów informacyjnych

Entrance — Wejście		**Hospital** — Szpital	
Exit — Wyjście		**USPS** — Poczta Stanów	
Push — Pchać		**U.S. Postal Service** Zjednoczonych	
Pull — Ciągnąć		**Post Office** —Urząd pocztowy	
Danger — Niebezpie- czeństwo		**Bank** — Bank	
Restroom — Ubikacja		**Elevator** — Winda	
Ladies or Women — Panie lub Kobiety		**Stairs** — Schody	
		Up — W górę	
Gentlemen or Men — Panowie lub Mężczyźni		**Down** — W dół	
		Exact Fare Only — Opłata tylko kwotą odliczoną	
Emergency Exit — Wyjście awaryjne		**Delivery in Rear** — Dostawy od tyłu	
Fire Escape — Wyjście w wypadku pożaru		**Out of Order** — Nieczynny	
Fire Alarm — Alarm pożarowy		**To Lobby** — Do recepcji, do holu	
No Littering — Nie śmiecić		**Wet Floor** — Mokra podłoga	
No Smoking — Nie palić (Pale- nie wzbronione)		**North** — Północ	
No Admission — Wstęp wzbroniony		**South** — Południe	
		East — Wschód	
Step Up — Stopień (w górę)		**West** — Zachód	
Step Down — Stopień (w dół)		**Waiting Room** — Poczekalnia	
Wet Paint — Świeżo malowane		**Use Nickels, Dimes, or Quarters** — Używać monet: 5¢ (nickels), 10¢ (dimes) lub 25¢ (quarters)	
For Sale — Na sprzedaż			
For Rent — Do wynajęcia		**Change** — Drobne (Automat lub kasa do zmia- ny banknotów)	
Beware of Dog — Zły pies			
Hours: — Godziny:			
9:00 a.m. 9.00 rano		**Signals for Crossing the Street:** — Sygnały przejścia przez ulicę:	
5:00 p.m. 5.00 po południu			
Keep off the Grass — Nie deptać trawników		**Walk** — Przechodzić	
		Don't Walk — Nie przechodzić	

Pierwsze rozmowy w obcym mieście

Przepraszam. —	**Excuse me.** *eks-kiuz' mi*
Bardzo przepraszam. —	**I am sorry.** *aj em so'-ry*
Czy mógłby [mogłaby] mi pan [pani] pomóc? —	**Could you help me?** *kud ju help mi*
Mam trudności ze znalezieniem . . . —	**I am having trouble finding...** *aj em hew'-yng trabl fajn'-dyng...*
...adresu	**...an address.** *en ad'res*
...wejścia	**...the entrance.** *d~e en'-trens*
...tego biura	**...this office.** *d~ys o'-fys*
...automatu do zmiany pieniędzy	**...automatic cash machine.** *o-to-ma'-tyk kesh ma-szin'*
...właściwego przystanku	**...the right stop.** *d~e rajt stop*
...właściwego peronu.	**...the right platform.** *d~e rajt plat'-form*
Czy nie zabieram panu [pani] czasu? —	**I hope I am not taking too much of your time.** *aj hołp aj em not tej'-kyng tuu macz ow jur tajm*
W porządku —	**That's OK.** *d~ats oł-kej*
Proszę bardzo, nic nie szkodzi. —	**You are welcome, it's no trouble.** *ju ar łel'-kom yts noł trabl*
Proszę się tym nie przejmować. —	**Don't worry about it.** *dount ło'-ry e-bałt' yt*
Nie rozumiem pana [pani]. —	**I do not understand you.** *aj du not an-der-stend' ju*

Pierwsze rozmowy w obcym mieście

Czy może pan powtórzyć wolniej? — **Could you repeat this more slowly?**
kud ju re-piit' d˜ys moor sloł'-ly

Czy może pan [pani] napisać to na kartce? — **Could you write this down for me?**
kud ju rajt d˜ys dałn for mi

Proszę bardzo. — **You are most welcome.**
ju aar mołst łel'-kom

Łatwiej rozumiem tekst napisany, niż mówiony. — **I can understand it better when it is written down.**
aj ken an-der-stend' yt be'-ter łen yt yz rytn dałn

Co znaczy to słowo? — **What does this word mean?**
łat daz d˜yz łerd miin

Co znaczy to zdanie? — **What does this sentence mean?**
łat daz d˜yz sen'-tens miin

Czy powiedziałem to prawidłowo? — **Did I say it correctly?**
dyd aj sej yt ko-rek'-tly

Jak się to wymawia? — **How is it pronounced?**
hał yz yt pro-naunst'

Jak się to pisze? — **How is it written?**
hał yz yt rytn

W Ameryce bardzo często trzeba coś literować. — **In America you have to spell words very often.**
yn a-me'-ry-ka ju hew tu spel łerds we'-ry of'-en

Jak się literuje nazwisko pańskiego znajomego? — **How do you spell the name of your friend?**
hał du ju spel d˜e nejm ow jur frend

W czym mogę panu [pani] pomóc? — **How can I help you?**
hał ken aj help ju

Proszę zaczekać, poszukam odpowiedniego zwrotu w tej książce. — **Please wait, I will find the right phrase in this book.**
pliiz łejt, aj łyl fajnd d˜e rajt frejz yn d˜ys buk

Podstawowe zwroty grzecznościowe

Cześć! — **Hello. (or Hi.)**
he'loł (haj)

Dzień dobry. (mówi się rano). — **Good morning.**
gud mor'-nyng

Dzień dobry. (używa się po południu). — **Good afternoon.**
gud ef-ter-nun'

Dobry wieczór. — **Good evening.**
gud iw'-nyng

Do widzenia. — **Goodbye.**
gud-baj'

Dobranoc. — **Good night.**
gud najt

Jak się masz? Jak się pan ma? — **How are you?**
hał ar ju

Dobrze się mam, dziękuję. — **I am fine, thank you.**
aj em fajn, t˜enk ju

A ty? A pan? — **And you?**
end ju

Ja też mam się dobrze. — **I am fine, too.**
aj em fajn, tu

Dziękuję /bardzo/. — **Thank you /very much/.**
t˜enk ju /we'-ry macz/

Proszę bardzo. — **You are welcome.**
ju ar wel'-kom

Nie ma za co. — **Don't mention it.**
dount men'-szyn it

Dzięki. — * **Thanks.**
t˜enks

Dziękuję bardzo. — * **Thanks a lot.**
t˜enks e lot

Przepraszam. — **Excuse me.**
eks-kjuz' mi

Przepraszam /Jest mi przykro/. — **I am sorry.**
aj em so'-ry

Podstawowe zwroty grzecznościowe

To jest bardzo dobrze. — **That is very good.**
d~at yz we'-ry gud

Gratulacje. — **Congratulations.**
kon-gre-tiu-lej'-szyns

Mam na imię ... — **My name is...**
maj nejm yz...

To jest Pan ... — **This is Mr. ...**
d~yz yz mys'-ter...

To jest Pani... — **This is Mrs. ...**
d~yz yz my'-syz

To jest Panna... — **This is Miss ...**
d~yz yz mys ...

Miło mi Pana [Panią] poznać. — **I am pleased to meet you.**
aj em pliizd tu mit ju

Proszę wejść. — **Please come in.**
pliiz kam yn

Proszę usiąść. — **Please sit down.**
pliiz syt daun

Życzę powodzenia. — *** Good luck.**
gud lak

Dobrej podróży. — **Have a good trip.**
hew ej gud tryp

Życzę dobrego dnia. Dziękuję. — *** Have a good day.Thank you.**
Nawzajem. **You, too.**
hew ej gud dej - t~enk ju, ju tu

Do zobaczenia./Na razie. — *** So long.**
sol long

Do zobaczenia./Zobaczymy się — *** I'll see you later.**
później. *ajl si ju lej'-ter*

Trzymaj się . — *** Take care.**
tejk ker

Dziękuję. To bardzo miło z pana — **Thank you. That's very nice of**
strony. **you.**
t~enk ju, d~ats we'-ry najs ow ju

Wyrażanie zgody

Czy mógłbym panu pomóc? — *** May I help you?**
mej aj help ju

Czy pan [pani] się zgadza? — *** Do you agree?**
du ju ag-ri'

Zgadzam się. — **I agree.**
aj ag-ri'

W porządku. — **OK**
o-kej'

Dobrze. — **Fine.**
fajn

Będzie mi bardzo miło. — **I'll be very pleased.**
ajl bi we'-ry plizd

Chyba się zgodzę. — **I think I'll agree.**
aj t˜ynk ajl ag-ri'

Nie mogę odmówić. — **I cannot refuse.**
aj ken'-not re-fjuz'

Cieszę się. — **I am very glad.**
aj em we'-ry glad

Odmowa zgody

Nie zgadzam się. — **I do not agree.**
aj du not ag-ri'

Przykro mi, ale nie. — **No, I am sorry.**
noł, aj em so'-ry

Na razie nie, muszę się jeszcze — **Not just now, I have to think**
namyśleć. **about it.**
not dżast nał, aj hew tu t˜ynk
e'-bałt yt

Nie. — **No**
noł

W żadnym wypadku. — **Under no circumstances.**
an'-der noł ser'-kam-sten-sys

Proszę mnie zostawić w spokoju. — **Please leave me alone.**
pliz liw mi a-loun'

Nie chcę z panem rozmawiać. — **I do not want to talk to you.**
aj du not łont tu tok tu ju

Proszę odejść. — **Please leave.**
pliz liw

Zawołam policjanta. — **I will call a policeman.**
aj łyl kol ej po-lis'-men

Policja! — **Police!**
po-lis'

Pomocy! — **Help!**
help

Zatrzymajcie tego człowieka. — **Stop this man!**
stop d˜ys men

Proszę mnie od niego uwolnić. — **Please make him go away.**
pliz mejk hym goł e-łej'

Dziękuję bardzo za pomoc. — **Thank you very much for your help.**
t˜enk ju we'-ry macz for jur help

* To drobiazg. — **That's nothing.**
d˜ats na'-t˜yng

* W porządku. — **O.K.**
o-kej'

Komisariat policji

Zwracanie się do policji bywa przykrą, choć na szczęście dość rzadko zdarzającą się koniecznością. Poniższe podstawowe zwroty mogą być w takich przypadkach przydatne.

UWAGA:
Wypadki podczas jazdy samochodem patrz JAZDA SAMOCHODEM (str. 126).

```
┌────────── ZDANIA NAJCZĘŚCIEJ KIEROWANE DO NAS ──────────┐
│                                                          │
│   Jak się pan [pani] nazywa? — What is your name?        │
│                                 łat yz jur nejm          │
│                                                          │
│   Z jakiego kraju pan pochodzi? — Where do you come from?│
│                                    łeer du ju kam from   │
│                                                          │
│   Gdzie pan mieszka? — Where do you live?                │
│                         łeer du ju lyv                   │
│                                                          │
│   Jak długo pan jest tutaj? — How long have you lived here?│
│                               hał long hew ju lywd hiir  │
│                                                          │
│   Co się stało? — What happened?                         │
│                    łat he'-pend                          │
│                                                          │
└──────────────────────────────────────────────────────────┘
```

Nazywam się Adam Darski. — **My name is Adam Darski.**
maj nejm yz Adam Darski

Jestem z Polski. — **I come from Poland.**
aj kam from Poł'-lend

Jestem turystą. — **I am a tourist.**
aj em ej tu'-ryst

Mieszkam w ... od ... — **I live in ... since...**
aj lyw yn ...syns...

To jest mój paszport. — **Here is my passport.**
hiir yz maj pas'-port

Zgubiłem... Zrabowano mi ... — **I lost... I was robbed of...**
aj lost ... aj łoz robd ow...

...aparat fotograficzny   **...my camera.**
maj ke'-me-ra

...kamerę filmową   **...my movie camera.**
maj mu'-vi ke'-me-ra

Komisariat policji

...portfel   ...my wallet.
maj ło'-let

...portmonetkę   ...my purse.
maj pers

...paszport   ...my passport.
maj pas'-port

...torebkę   ...my handbag.
maj hend'-beg

...zegarek   ...my watch.
maj łocz

Zostałem ograbiony i pobity. — **I was mugged and robbed.**
aj łoz magd end robd

Czy jest ktoś, kto tu mówi po polsku? — **Is there anyone here who can speak Polish?**
yz d˜eer eny'-łan hiir hu ken spiik poł'-lysz

Chciałbym skontaktować się z naszą — **I would like to contact my ambasadą.   embassy.**
aj łud lajk tu kon'-tekt maj em'-be-sy

Wypadek, zasłabnięcie, wzywanie pomocy

UWAGA: W nagłych wypadkach w USA dzwoni się - bezpłatnie - pod numer 911.

Dotyczy to całych Stanów Zjednoczonych, z wyjątkiem najmniejszych i najbardziej odległych miejscowości, gdzie taka służba nie jest jeszcze zorganizowana. Pod numerem 911 można wezwać pogotowie lekarskie, straż pożarną, czy policję.

Wypadki przy jeździe samochodem patrz - JAZDA SAMOCHODEM (str. 126).

Gdzie jest najbliższy telefon? — **Where is the nearest telephone?**
łer yz d˜e nii'-rest te'-le-fołn

Jestem bardzo chory. — **I am very sick.**
aj em we'-ry syk

37

Wypadek, zasłabnięcie, wzywanie pomocy

Potrzebuję pomocy. — **I need help.**
aj niid help

Ktoś zasłabł. — **Someone is sick.**
sam'-łan yz syk

Jedna osoba jest ranna. — **Someone is hurt.**
sam'-łan yz hert

On jest nieprzytomny. — **He is unconscious.**
hi yz an-kon'-sius

Czy może mi pan [pani] pomóc? — **Could you help me?**
kud ju help mi

Czy może pan wezwać... — **Could you call ...**
kud ju kol ...

...pogotowie? **...an ambulance.**
en em'-biu-lens

...policję? **...the police.**
d˜e po-lis'

...straż pożarną? **...the fire brigade.**
d˜e fajr bry-gejd'

Nazywam się Jan Makowski. — **My name is Jan Makowski.**
maj nejm yz Jan Makowski

Mieszkam w ... — **I live in ...**
aj lyw yn ...

Tu jest mój paszport. — **This is my passport.**
d˜yz yz maj pas'-port

Czy mogę skorzystać z pańskiego — **Can I use your phone?**
telefonu? *ken aj juz jur fołn*

Czy mógłby pan za mnie zadzwonić — **Could you call an ambulance for**
na pogotowie? **me?**
kud ju kol en em'-biu-lens for mi

Czy może pan poprosić o lekarza — **Could you ask for a doctor who**
mówiącego po polsku? **speaks Polish?**
kud ju ask for ej dok'-tor hu spiiks
poł'-lysz

Szersze informacje o sobie i rodzinie

Nazywam się Adam Kotlarski. — **My name is Adam Kotlarski.**
Moje nazwisko Kotlarski.   *maj nejm yz Adam Kotlarski*

Mam na imię Adam. — **My first name is Adam.**
  maj ferst nejm yz Adam

Znajomi nazywają mnie Ad. — **My friends call me Ad.**
  maj frends kol mi Ad

Na drugie imię mam Jan. — **My middle name is Jan.**
  maj mydl nejm yz Jan

Możesz mnie nazywać Adam lub Ad, — **You can call me Adam or Ad; it**
to nie ma dla mnie znaczenia.   **is the same to me.**
  ju ken kol mi Adam or Ad;yt yz d~e sejm tu mi

Rozmówca przedstawiając żonę: — **This is my wife Elizabeth.**
To jest moja żona, Elżbieta.   *d~yz yz maj łajf e-ly'-za-bet~*

Rozmówczyni przedstawiając męża: — **This is my husband Roman.**
To jest mój mąż, Roman.   *d~yz yz maj haz'-bend Roman*

To jest mój syn, Kuba. — **This is my son Kuba.**
  d~yz yz maj san Kuba

* Jakie jest pana nazwisko? — **What is your last name (family name)?**
  łat yz jur last nejm (fe'-mi-ly nejm)

Nazywam się Kotlarski. — **My last name is Kotlarski.**
  maj last nejm yz Kotlarski

* Jak panu na imię? — **What is your first name?**
  łat yz jur ferst nejm

Mam na imię Adam. — **My first name is Adam.**
  maj ferst nejm yz Adam

To jest moja córka, Maria. — **This is my daughter, Maria.**
  d~yz yz maj doł'-ter Maria

* Przepraszam jak się pan nazywa? — **Excuse me.What is your name?**
  eks-kjuz' mi, łat yz jur nejm

* Jak się literuje pana imię? — **How do you spell your name?**
A - D - A - M   **It is A-D-A-M.**
  hał du ju spel jur nejm? ej-di-ej-em

* Jak się to wymawia? — **How do you say it?**
  hał du ju sej yt

39

Szersze informacje o sobie i rodzinie

* Skąd pan jest? — **Where are you from?**
łer ar ju from?

Jestem z Polski. — **I am from Poland.**
aj em from poł'-lend

Jestem Polakiem. — **I am Polish.**
aj em poł'-lysz

* Gdzie się urodziłeś? — **Where were you born?**
łeer łer ju born?

Urodziłem się w Warszawie, w — **I was born in Warsaw, Poland.**
Polsce. *aj łoz born yn łor'-so poł'-lend*

* Jak się to literuje? —**How do you spell it?**
hał du ju spel yt?

W-A-R-S-Z-A-W-A — **W-A-R-S-A-W.**
dabl'-ju ej ar es ej dabl'-ju

* Kiedy się urodziłeś? — **When were you born?**
łen łer ju born?

Urodziłem się 17 maja — **I was born on May 17, 1940**
1940.(siedemnastego maja tysiąc **(May seventeenth, nineteen**
dziewięćset czterdziestego). **forty).**
aj łoz born on mej se-wen-tins˜,
najn'-tin for'-ty

* Jaka jest data pana urodzin? — **What is your date of birth?**
łot yz jur dejt ow bers˜

* Ile ma pan dzieci? — **How many children do you**
have?
hał me'-ny czyld'-ren du ju hew?

Mam czworo dzieci. — **I have four children.**
aj hew for czyld'-ren

* Czy masz krewnych w Stanach — **Do you have relatives in the**
Zjednoczonych? **U.S.?**
du ju hew re'-la-tyws yn d˜e ju-es-
ej?

Nie, nie mam krewnych w Stanach — **No, I don't have any relatives in**
Zjednoczonych. **the U.S.**
noł, aj dount hew e'-ny re'-la-tyws
yn d˜e ju-es-ej

Szersze informacje o sobie i rodzinie

Mam amerykańskiego sponsora. — **I have an American sponsor.**
aj hew en a-me'-ry-ken spon'-sor

Nie, nie mam sponsora. — **I don't have a sponsor.**
aj dount hew ej spon'-sor

Moim sponsorem jest organizacja — **I am being sponsored by a**
społeczna. **voluntary agency.**
aj em bi-ing spon'-sord baj ej wo'-len-te-ry ej'-dżyn-sy

Organizacja ta nazywa się... — **The name of the agency is ...**
d~e nejm ow d~e ej'-dżyn-sy yz ...

Moja córka wyszła za mąż za — **My daughter married an**
obywatela amerykańskiego. **American citizen.**
maj doł'-ter mer'-red en a-me'-ry-ken sy'-ty-zen

Moja córka ma obywatelstwo — **My daughter has American**
amerykańskie. **citizenship.**
maj doł'-ter hez a-me'-ry-ken sy'-ty-zen-szyp

Mam zieloną kartę. — **I have a green card.**
aj hew ej grin kard

Nie mam zielonej karty. — **I do not have a green card.**
aj du not hew ej grin kard

Numer rejestracyjny mojej karty jest — **The registration number of my**
... **card is...**
d~e re-dżys-trej'-szyn nam'-ber ow maj kard yz...

Nie mam paszportu. — **I do not have a passport.**
aj du not hew ej pas'-port

Wszystkie moje papiery zostały — **All my papers were lost.**
zgubione. *ol maj pej'-pers ter lost*

Skończyłem liceum [szkołę średnią]. — **I finished high school.**
aj fy'-nyszt haj skul

Skończyłem szkołę zawodową. — **I finished vocational school.**
aj fy'-nyszt wo-kej'-szy-nol skul

Skończyłem uniwersytet. — **I finished college.**
aj fy'-nyszt ko'-ledż

Rodzina (angielskie określenia różnych stopni pokrewieństwa)

rodzice — **parents**
pe'-rents

ojciec — **father**
fa'-d~er

matka — **mother**
ma'-d~er

teść — **father-in-law**
fa'-d~er yn loł

teściowa — **mother-in-law**
ma'-d~er yn loł

dziadkowie — **grandparents**
grend'-pe-rents

dziadek — **grandfather**
grend'-fa-d~er

babka — **grandmother**
grend'-ma-d~er

wnuki — **grandchildren**
grend'-czyl-dren

dzieci — **children**
czyl'-dren

dziecko — **child**
czajld

syn — **son**
san

córka — **daughter**
do'-ter

pasierb — **stepson**
step-san

pasierbica — **stepdaughter**
step'-do-ter

zięć — **son-in-law**
san'-yn-loł

synowa — **daughter-in-law**
do'-ter-yn-loł

mąż — **husband**
haz'-bend

żona — **wife**
łajf

brat — **brother**
bra'-d~er

siostra — **sister**
sys'-ter

starszy brat — **older brother**
ol'-der bra'-d~er

młodsza siostra — **younger sister**
jan'-ger sys'-ter

brat przyrodni — **half brother**
hef bra'-d~er

siostra przyrodnia — **half sister**
hef sys'-ter

krewni — **relatives**
re'-la-tyws

wuj — **uncle**
an'-kel

ciotka — **aunt**
ent

kuzyn — **cousin**
ka'-zyn

siostrzenica/ — **niece**
bratanica *nis*

siostrzeniec/ — **nephew**
bratanek *ne'-fiu*

Prośba o podstawowe informacje

Czy mógłby mi pan/pani powiedzieć, gdzie jest...	**Could you tell me where I can find...** *kud ju tel mi łeer aj ken fajnd...*
...agencja podróży/sprzedaż biletów?	**...a travel agent/ticket office?** *ej tra'-wel ej'-dżent/ty'-ket o'-fys*
...bar szybkiej obsługi	**...a cafeteria/luncheonette?** *ej ke-fe-ty'-ria/lan-czo-net'*
...apteka	**...a pharmacy/drugstore?** *ej far'-ma-sy/drag'-stor*
...dworzec autobusowy	**...the bus station?** *d˜e bas stej'-szyn*
...dworzec kolejowy	**...the railroad station?** *d˜e rejl'-rołd stej'-szyn*
...jadłodajnia	**...a restaurant?** *ej res-to'-rant*
...kawiarnia	**...a coffee shop?** *ej ko'-fi szop*
...księgarnia	**...a bookstore?** *ej buk'-stor*
...lekarz lub klinika	**...a doctor or a clinic?** *ej dok'-tor or ej kly'-nyk*
...piekarnia	**...a bakery?** *ej bej'-ke-ry*
...poczta	**...a post office?** *ej połst o'-fys*
...policja	**...a police station?** *ej poł'-lis stej'-szyn*
...przystanek autobusowy	**...a bus stop?** *ej bas stop*
...przystanek kolei podziemnej	**...a subway station?** *ej sab'-łej stej'-szyn*
...sklep odzieżowy	**...a clothing store?** *ej kloł'-s˜yng stor*

Prośba o podstawowe informacje

...sklep z przecenionymi materiałami — **...a discount store?**
ej dys'kałnt stor

...sklep spożywczy — **...a grocery?**
ej groł'-se-ry

...sklep warzywno-owocowy — **...a fruit store?**
ej frut stor

...szewc [naprawa obuwia] — **...a shoe repair store?**
ej szu re-peer' stor

...tani sklep z odzieżą [thrift shop] — **...a thrift shop?**
ej t~ryft szop

...telefon publiczny — **...a public phone?**
ej pab'-lik fołn

...toaleta publiczna — **...a public toilet?**
ej pab'-lik toj'-let

Przepraszam, gdzie jest biuro — **Excuse me, where is the**
informacji? **information counter?**
eks-kiuz' mi, łeer yz d~e yn-for-mej'-szyn kałn'-ter

Czy ma pan [pani] plan ... — **Do you have a map of...?**
du ju hew e mep ow...

Czy mógłby mi pan pokazać na — **Could you show me that on the**
mapie? **map?**
kud ju szoł mi d~at on d~e mep

Gdzie jest bank, który wymieni mi — **Where can I find a bank to cash**
czeki podróżne? **my traveler's checks?**
łeer ken aj fajnd e benk tu kesz maj tra'-we-lers czeks

O której godzinie zamykają? — **When does it close?**
łen daz yt klołz

Czy to daleko? — **Is it far?**
yz yt faar

Miejska kolej podziemna (Subway)

Szybka kolej miejska, najczęściej podziemna (subway) w różnych miastach Stanów Zjednoczonych może funkcjonować na różnych zasadach. Na przykład w Waszyngtonie koszt przejazdu jest zmienny, zależny od odległości, a także pory dnia (w godzinach szczytu opłata za przejazd jest wyższa). W Nowym Jorku koszt przejazdu jest stały i wynosi $1.50 (dane z 1997) niezależnie od odległości, czy pory dnia. Płaci się tylko za wejście, potem można jeździć dowolnie długo wszystkimi pociągami, zarówno lokalnymi jak i ekspresowymi. Pociągi ekspresowe jeżdżą szybciej, ponieważ omijają większość przystanków i zatrzymują się tylko na głównych stacjach. Pociągi lokalne zatrzymują się na wszystkich przystankach. Duży plan linii kolei podziemnej wisi na ścianie każdej stacji oraz w każdym wagonie. Bezpłatny plan można też otrzymać w każdej kasie. W soboty i w niedziele pociągi kolei podziemnej kursują rzadziej, według tzw. rozkładu week-endowego. Wszelki bagaż przewozi się bezpłatnie.

Przepraszam, gdzie jest najbliższa stacja kolejki podziemnej?	**Excuse me, where is the nearest subway station?** *eks-kjuz' mi, łer yz d˜e nii'-rest sab'-łej stej'-szyn*
* Prosto, za tym blokiem domów.	**Straight ahead, beyond the next block.** *strejt a-hed', be-jond' d˜e nekst blok*
* Musi pan skręcić w prawo i przejść trzy skrzyżowania.	**You have to turn right and pass three blocks.** *ju hew tu tern rajt end pas t˜ri bloks*
Proszę dwa żetony.	**Two tokens, please.** *tu toł'-kens, pliiz*
Dziesięć [żetonów] proszę.	**A ten-pack, please.** *ej ten'-pek, pliiz*
Czy mógłby mi pan pokazać na planie, jak najlepiej dojechać do Times Square?	**Could you show me how to get to Times Square on this plan?** *kud ju szoł mi hał tu get tu tajms skłer on d˜yz plen*

Miejska kolej podziemna (Subway)

Na której stacji powinienem się przesiąść?	**At what station/where should I transfer?** *et łot stej'-szyn/łer szud aj trans'-fer*
* Nazwy stacji są ogłaszane przez głośniki w wagonach.	**The names of the stations will be announced on the loudspeaker in the train.** *d~e nejms ow d~e stej'-szyns łyl bi a-nałnst on d~e lałd'-spii-ker yn d~e trejn*
Co zrobić, jeśli się omyłkowo przejechało stację?	**What shall I do if I accidentally miss the station?** *łat szel aj du yf aj ak-sy-den'-ta-ly mys d~e stej'-szyn*
* Na najbliższym przystanku przejść na przeciwległy peron i zawrócić.	**Get off at the nearest station, cross over to the opposite platform, and go back.** *get of et d~e nii'-rest stej'-szyn, kros ołwer tu d~e o'-po-zyt plet'-form, end goł bek*
* Najlepiej zapytać konduktora.	**You had better ask the conductor?** *ju hed be'-ter ask d~e kon-dak'-tor*

Autobusy miejskie (na przykładzie Nowego Jorku)

Linie autobusowe w Nowym Jorku docierają niemal do wszystkich punktów miasta. Jazda autobusem jest wolniejsza, niż koleją podziemną, jest za to nieporównanie bardziej atrakcyjna, jeśli się chce przy okazji przejazdu zobaczyć miasto. Plany linii autobusowych (bezpłatnie) można otrzymać m.in. w miejskich biurach informacyjnych i turystycznych, a także w bibliotekach publicznych.

Opłata za przejazd autobusowy jest stała i wynosi w Nowym Jorku $1.50 (dane z 1997 r.) niezależnie od tego, czy korzystamy z jednej tylko linii, czy też zamierzamy się przesiadać. W odróżnieniu np. od Chicago, gdzie w autobusach automaty przyjmują banknoty, w autobusach nowojorskich płaci się odliczoną kwotą i tylko monetami,

Autobusy miejskie (na przykładzie Nowego Jorku)

wrzucając je do specjalnego automatu liczącego, ustawionego przy wejściu obok kierowcy. Zamiast monet można też wrzucić żeton kolei podziemnej. Jeśli zamierzamy się przesiąść, przy wrzucaniu monet lub żetonu mówimy do kierowcy „Transfer, please" („Przesiadkowy, proszę") i otrzymujemy bilet, upoważniający nas do jednej przesiadki do autobusu dowolnej linii, która krzyżuje się z trasą naszego autobusu. W autobusie, do którego przesiedliśmy się, nie wrzucamy już pieniędzy, tylko oddajemy kierowcy nasz bilet przesiadkowy. Bagaż przewozi się bezpłatnie. Nazwy ulic przy przystankach ogłaszane są w autobusie przez głośnik.

UWAGA: Należy pamiętać, że amerykańskie autobusy miejskie zatrzymują się na przystankach tylko na żądanie. Dlatego przed przystankiem, na którym chcemy wysiąść, musimy dać kierowcy znać przez pociągnięcie za biegnącą wzdłuż autobusu linkę sygnałową bądź przez naciśnięcie specjalnej taśmy sygnalizacyjnej.naciśnięcie podobnej taśmy przy drzwiach powoduje ich otwarcie, kiedy autobus już się zatrzyma.

Przepraszam, gdzie jest najbliższy przystanek autobusowy? — **Excuse me, where is the nearest bus stop?**
eks-kjuz' mi, łer yz d˜e nii'-rest bas stop

Jak często o tej porze kursuje autobus? — **How often does the bus run at this time of day?**
hał of'-en daz d˜e bas ran et d˜ys tajm ow dej

* Zazwyczaj co 15-20 minut. — **Every fifteen to twenty minutes.**
ew'-ry fyf-tiin' tu tłen'-ty my'-nyts

Czy tym autobusem dojadę do Central Parku? — **Will this bus take me to Central Park?**
łyl d˜ys bas tejk mi tu sen'-trol park

* Tak, dojedzie pan. — **Yes, this bus goes to Central Park.**
jes, d˜ys bas gołz tu sen'-trol park

Autobusy miejskie (na przykładzie Nowego Jorku)

* Tak, ale musi pan przejść na przystanek po drugiej stronie ulicy.

— Yes, but you will have to go to the stop across the street.

jes, bat ju łyl hew tu goł tu d~e stop a-kros' d~e striit

* Będzie się pan musiał przesiąść przy Lexington Avenue.

— You will have to change at Lexington Avenue.

ju łyl hew tu czejndż et leks'-yng-ton e'-we-niu

Jestem cudzoziemcem, czy będzie pan mógł mi powiedzieć, gdzie mam wysiąść?

— I am a foreigner; could you let me know when to get off?

aj em ej fo'-rej-ner; kud ju let mi knoł łen tu get of

Czy ma pan może plan linii autobusowych?

— Do you have a plan of the bus lines?

du ju hew ej plen ow d~e bas lajns

Czy mógłby mi pan pokazać, w którym miejscu mam się przesiąść?

— Could you tell me where I have to change?

kud ju tel mi łeer aj hew tu czejndż

Autobusy dalekobieżne (Greyhound i inne)

Autobusy dalekobieżne są w Ameryce najtańszym środkiem komunikacji międzymiastowej i dalekobieżnej. Linie z reguły obsługiwane są przez autobusy o wysokim standardzie, z klimatyzacją wnętrza i odchylanymi fotelami typu lotniczego. Autobusy wyposażone są w toalety, z których można korzystać w czasie jazdy. Podczas podróży przewidziane są przystanki na spożycie posiłków w przydrożnych restauracjach szybkiej obsługi, gdzie można również skorzystać z umywalni i toalet publicznych.

Podróżny może bezpłatnie przewozić dwie walizki (które kierowca umieszcza w specjalnym pomieszczeniu bagażowym z boku autobusu) oraz podręczną torbę podróżną, którą można zabrać do wnętrza.

Dworce autobusowe (Bus Terminals) w wielkich miastach z reguły usytuowane są w centrum, z łatwą dalszą komunikacją autobusami miejskimi bądź koleją podziemną.

Autobusy dalekobieżne (Greyhound i inne)

Przepraszam, czy może mi pan powiedzieć, gdzie jest główny dworzec autobusowy? — **Excuse me, can you tell me where is the central bus station?**
eks-kjuz' mi, ken ju tel mi łer yz d~e sen'-trol bas stej'-szyn

Czy to daleko? Czy można dojść pieszo? — **Is it far? Within walking distance?**
yz yt faar? ły-d~yn' ło'-king dys'-tens

Jak mogę tam dojechać? — **How can I get there?**
hał ken aj get d~eer

* W Nowym Jorku dworzec autobusowy jest przy 42 ulicy między 7 i 8 aleją. — **In New York the bus station is at 42nd street between Seventh and Eight Avenues.**
yn niu jork d~e bas stej'-szyn yz et for'-ty se'-kend striit bet-łin' se'-vent~end ejt~ e'-we-nius

Chciałbym dowiedzieć się, kiedy przyjeżdża autobus z Bostonu? — **I would like to find out when the bus from Boston will arrive.**
aj łud lajk tu fajnd ałt łen d~e bas from bos'ton łyl a-rajw'

* 2 po południu, wyjście D. (brama D) — **At 2 pm. gate D.**
et tu pi-em gejt dii

Ile kosztuje bilet do Chicago? — **How much is a ticket to Chicago?**
hał macz yz ej ty'-ket tu szy-ka'-go

* Czy pan chce bilet w jedną stronę, czy powrotny? — **Would you like a one way ticket, or round trip?**
łud ju lajk ej łan łej ty'-ket or raund tryp

Chciałbym bilet powrotny do Atlantic City, wyjazd w piątek wieczorem, powrót w niedzielę po południu. — **I would like a round trip to Atlantic City, leaving Friday evening, coming back on Sunday afternoon.**
aj łud lajk ej raund tryp tu et-len'-tyk sy'-ty, lii'-vyng fraj'-dej iw'-nyng, ka'-myng bek on san'-dej af-ter-nun'

Autobusy dalekobieżne (Greyhound i inne)

O której jest najbliższy autobus do Detroit? — **When is the next bus to Detroit?**
łen yz d~e nekst bas tu det-rojt'

* Godzina 3 po południu, wejście D. — **At 3 pm. gate G.**
et t~rii pi-em, gejt dżi

Czy miejsca są numerowane? — **Are the seats numbered?**
ar d~e siits nam'-berd

* Nie, miejsca zajmuje się w kolejności wsiadania. — **No, seating is open.**
noł, sii'-tyng yz oł'-pen

Czy trzeba przyjść dużo wcześniej? — **Do you have to come much earlier?**
du ju hew tu kam macz er'-lier

* Zazwyczaj na kwadrans przed odjazdem ustawia się niewielka kolejka u wejścia. — **Usually a small line forms at the entrance about 15 minutes before departure.**
ju'-ziu-ly ej smol lajn forms et d~e en'-trens e-bałt' fyf'-tiin my'-nyts bi'-for di-par'-czer

* Wystarczy być na 10-20 minut przed odjazdem. — **It is enough to be there 10-20 minutes before departure.**
yt yz e'-naf tu bi d~eer ten-twen'-ty my'-nyts bi'-for di-par'-czer

Panie kierowco, o której będziemy w Cleveland? — **Driver, when do we get to Cleveland?**
draj-wer, łen du wi get tu kliv'-lend

O której przewidziany jest przystanek na lunch? — **When are we likely to stop for lunch?**
łen ar li lajk'-ly tu stop for lancz

Czy przed Waszyngtonem jest przystanek w Rockville? — **Is there a stop before Washington in Rockville?**
yz d~eer ej stop bi'-for ło-szyng-ton yn rok'-wyl

* Tak, może pan tam wysiąść. — **Yes, you can get off there.**
jes, ju ken get of d~eer

Tanie zwiedzanie Ameryki autobusami Greyhound

Nie wszyscy przyjeżdżający do Ameryki wiedzą o możliwości bardzo taniego jej zwiedzania przy wykorzystaniu specjalnych okresowych biletów turystycznych na autobusy linii Greyhound i niektórych innych. Przy biletach tych obowiązuje jedno istotne ograniczenie. Można je wykupić bądź w swoim kraju przed wyjazdem (np. w biurach Wagons-Lits Cook w Polsce), bądź też w biurach Greyhounda w niektórych miejscowościach, do których przylatują samoloty z Polski - ale tylko zaraz po przybyciu do Stanów Zjednoczonych. Później skorzystanie z takiej zniżki nie jest już możliwe.

Okresowy ulgowy bilet turystyczny można wykupić na tydzień, dwa tygodnie lub miesiąc. Bilet na najdłuższy okres jest relatywnie najtańszy.

Z takim biletem można jeździć po wszystkich liniach Stanów Zjednoczonych, a także niektórych liniach Kanady. Można robić dowolną ilość przerw na noclegi, można też – co chętnie robią młodsi turyści – spać podczas nocnych przejazdów w autobusie, a dnie przeznaczać na zwiedzanie. W taki sposób za stosunkowo niewielkie pieniądze można objechać nawet całą Amerykę od Atlantyku po Pacyfik i od Florydy po Kanadę.

W okresie ważności biletu nie ma żadnych ograniczeń. Można jeździć po dowolnych trasach i dowolną ilość razy. Należy jedynie pamiętać, że taki bilet wydawany jest na nazwisko i nie można go odstępować ani pożyczać.

Podróże koleją (AMTRAK)

Podróż koleją w Stanach Zjednoczonych jest zazwyczaj nieco droższa od podróży autobusem na tej samej trasie, zapewnia jednak większy komfort jazdy, bywa też bardziej atrakcyjna krajoznawczo od podróży samolotem. Klimatyzowane wagony wyposażone są w ustawione w kierunku jazdy odchylane fotele typu lotniczego. Doskonale funkcjonujące bufety na krótszych trasach i wagony restauracyjne na trasach dłuższych rozwiązują problem posiłków.

Dworce kolejowe z kasami z napisem AMTRAK w większych miastach usytuowane są zazwyczaj w centrum, co ułatwia ewentualne

Podróże koleją (AMTRAK)

korzystanie z miejskiej komunikacji lokalnej. Sprawia to też, że na krótszych trasach - w takich na przykład, jak z Nowego Jorku do Waszyngtonu - całkowity czas podróży od śródmieścia do śródmieścia jest krótszy w przypadku pociągu niż w przypadku samolotu, przy uwzględnieniu dojazdów na i z lotniska.

Przepraszam, gdzie jest dworzec kolejowy? — **Excuse me, where is the railroad station?**
eks-kjuz' mi, łer yz d~e rejl'-rołd stej'-szyn

Jak najłatwiej dojechać do dworca kolejowego? — **What is the best way to get to the railroad station?**
łat yz d~e best łej tu get tu d~e rejl'-rołd stej'-szyn

Z którego dworca w Nowym Jorku odjeżdżają pociągi do Waszyngtonu D.C.? — **From what station in New York can I get the train to Washington?**
from łot stej'-szyn yn niu jork ken aj get d~e trejn tu ło'-szyn-ton

* Z Penn Station przy 34 ulicy i 7 alei. — **From Penn station at 34th Street and Seventh Avenue.**
from pen stej'-szyn et t~erty fors~ striit end se'-went~ e'-we-niu

* Można tam również wejść od Madison Square Garden. — **You can also enter through the Madison Square Garden.**
ju ken ol'-so en'-ter t~ru d~e me'-dy-son skłer gar'-den

Gdzie jest... — **Where is...**
łer yz...

...wejście do kas biletowych? — **...the entrance for the ticket offices?**
d~e ent'-rens for d~e ty'-ket o'-fy-sys

...biuro informacyjne? — **...the information counter?**
d~e yn-for-mej'-szyn kałn'-ter

...toaleta? — **...the public toilet?**
d~e pab'-lyk toj'-let

...kafeteria? (rodzaj restauracji szybkiej obsługi)	**...a cafeteria?** *ej ka-fe-tyr'-ja*
...bufet?	**...a buffet?** *ej ba-fej'*
...przechowalnia bagażu?	**...the baggage room?** *d˜e be'-gedż rum*
* Kasy kolejowe są w podziemiu pod napisem AMTRAK	**The ticket office is in the basement under the AMTRAK sign.** *d˜e ty'-ket o'-fys yz yn d˜e bejs'-ment an'-der d˜e em'-trek sajn*
Ile kosztuje bilet do Bostonu?	**How much is a ticket to Boston?** *hał macz yz ej ty'-ket tu bos'-ton*
Czy mogę dostać rozkład jazdy pociągów Nowy Jork-Waszyngton?	**Can I get the schedule for trains between Boston and Washington?** *ken aj get d˜e ske'-dziul for trejns bet'-łiin bos'-ton end ło'-szyng-ton*
Czy miejsca w wagonach są numerowane?	**Are the seats numbered?** *ar d˜e siits nam'-berd*
* Tak, miejsca są numerowane.	**Yes, the seats are numbered.** *jes, d˜e siits ar nam'-berd*

Możliwości taniego podróżowania samolotami

W Stanach Zjednoczonych istnieją bardzo często możliwości uzyskania znacznie tańszych biletów lotniczych, jeśli podróżny decyduje się na określone warunki. (Najczęściej tańsze bilety muszą być zamówione i wykupione dużo wcześniej, nie podlegają one też zwrotowi ani zamianie). Tańsze bilety oferowane są na określone dni, bądź na określone trasy.

Często są to bilety przesiadkowe. Cena biletu może być nawet uzależniona od lotniska, z którego się odlatuje.

Agencje podróży znają przeważnie możliwości takiego taniego podróżowania samolotami i chętnie udzielą potrzebnych informacji. Różnica w cenie na korzyść pasażera jest czasami rzędu nawet 50%.

Tanie loty samolotami bywają konkurencyjne cenowo nawet w stosunku do podróży autobusem lub pociągiem.

Poczta

Godziny pracy amerykańskich urzędów pocztowych mogą się nieco różnić w zależności od miejscowości, ale na ogół wszystkie urzędy pocztowe czynne są w dni robocze w tzw. godzinach biurowych. W soboty czynne są jedynie niektóre urzędy i pracują tylko do 12 lub 1 P.M. Główne urzędy pocztowe czynne są całą dobę.

Amerykańskie urzędy pocztowe nie mają znanych w Polsce działów telefonicznych, gdzie można zamawiać rozmowy międzymiastowe i międzynarodowe. W Stanach Zjednoczonych takie rozmowy można bowiem odbyć z każdego publicznego telefonu w dowolnym miejscu.

W taryfie pocztowej istnieją dwie standardowe opłaty za listy: krajowa – na terenie całych Stanów Zjednoczonych 32 centy i zagraniczna, lotnicza – do wszystkich krajów 60 centów (dane z 1997). W przypadku listów o ponadstandardowej wadze lub rozmiarach opłata jest wyższa.

Przesyłanie pocztą pieniędzy odbywa się inaczej niż w Polsce. Kupuje się na poczcie (a także w niektórych biurach i kantorach wymiany) tak zwane money order, czyli amerykański przekaz pieniężny, opiewający na określoną sumę – przykładowo za money order na sto dolarów płaci się sto kilka dolarów, co obejmuje również opłatę manipulacyjną – a następnie wpisuje się na tym przekazie nazwisko i imię odbiorcy i wysyła taki przekaz w kopercie tak, jak zwykły list. Money order może zrealizować (w dowolnym banku) tylko osoba, która jest wpisana na przekazie.

Listy polecone można nadawać za pokwitowaniem, bądź dodatkowo za zwrotnym potwierdzeniem odbioru. W tym drugim przypadku opłata jest wyższa, ale otrzymujemy przez pocztę potwierdzenie z podpisem i ew. pieczątką adresata, które jest dowodem, że przesyłka została doręczona.

Gdzie jest . . . —	Where is...
	łer yz
...najbliższa poczta?	**...the nearest post office?**
	d˜e ni'-rest połst o'-fys
...główna poczta?	**...the main post office?**
	d˜e mejn połst o'-fys
...biuro przekazów telegraficznych?	**...the money order department?**
	d˜e ma'-nej or'-der de-part'-ment

Poczta

* Główna poczta mieści się na... — **The main post office is on...**
  d˜e mejn połst o'-fys yz on...

Czy to daleko? — **Is it far?**
yz yt far

Jak można tam dojechać? — **How can I go there?**
hał ken aj goł d˜eer

Gdzie mogę kupić znaczki i koperty? — **Where can I buy stamps and stamped envelopes?**
łeer ken aj baj stemps end stempd en'-ve-łołps

Gdzie najbliżej mogę kupić money-order? — **Where is the nearest place to get money orders?**
łeer yz d˜e ni'-rest plejs tu get ma'-nej or'-ders

Poproszę... — **May I ask for...**
mej aj ask for...

...znaczek za 32¢ — **...a 32 cent stamp/domestic first class.**
ej t˜er'-ty tu sent stemp/do-mes'-tyk ferst klas

...znaczek za 60¢ — **...a 60 cent stamp/overseas air mail.**
ej syks'-ty sent stemp/oł'-wer-siis ejr'-meil

...znaczki na ten list — **...stamps for this letter.**
stemps for d˜ys let'-er

...money order na 120 dolarów — **...a money order for $120.**
ej ma'-nej or'-der for han'-dred end tłen'-ty do'-lars

Ile to będzie kosztować? — **How much will this cost?**
hał macz łyl d˜ys kost

Ile kosztuje money order na 40 dolarów? — **How much is a money order for $40?**
hał macz yz ej ma'-nej or'-der for for'-ty do'-lars

Poczta

Chcę to wysłać jako... — **I would like to send this...**
aj łud lajk tu send d˜ys...

...ekspress — **...express mail.**
eks'pres' mejl

...list polecony — **...registered mail.**
re'-dżysżterd mejl

...list polecony ze zwrotnym
potwierdzeniem odbioru. — **...registered , return receipt
requested.**
*re'-dżys-terd, re-tern' re-sit' re-
kłes'-ted*

* Proszę wypełnić te formularze
[blankiety]. — **Please fill out these forms.**
pliis fyl ałt d˜iiz forms

Czy może mi pan [pani] pomóc
wypełnić te formularze? — **Could you help me fill out these
forms?**
kud ju help mi fyl ałt d˜iiz forms

Jestem cudzoziemcem. — **I am a foreigner.**
aj em ej fo'-rej-ner

W jakim czasie ten list może dojść? — **When will the letter get there?**
łen łyl d˜e le'-ter get d˜eer

Ile będzie kosztować nadanie tej
przesyłki do Polski? — **How much will it cost to send
this package to Poland?**
*hał macz łyl yt kost tu send d˜ys
pek'-edż tu Poł-lend*

To są książki. — **These are books.**
d˜iiz ar buks

To są druki i maszynopisy. — **This is printed matter and
typescript.**
*d˜yz yz pryn'-ted me'-ter end
tajp'-skrypt*

Gdzie jest dział poste-restante? — **Where is the general delivery
department?**
*łeer yz d˜e dże'-ne-ral de-ly'-we-ry
de-part'-ment*

Gdzie mogę nadać telegram? — **Where can I send a telegram?**
łer ken aj send ej te'-le-gram

Czy jest dla mnie jakaś poczta? — **Is there any mail for me? My**
Nazywam się ... **name is ...**
yz d~eer eny mejl for mi? maj nejm
yz...

Tu jest mój paszport. — **Here is my passport.**
hiir yz maj pas'-port

* Proszę wypełnić ten formularz — **Please fill out this form.**
[blankiet]. *pliiz fyl ałt d~ys form*

Gdzie jest najbliższe biuro — **Where is the nearest office for**
telegraficznych przekazów **sending money by telegram?**
pieniężnych? *łer yz d~e ni'-rest o'-fys for*
send'-yng ma'-nej baj te'-le-gram

* Western Union mieści się na ... — **There is a Western Union office**
on...
d~eer yz ej łes'-tern ju'-nion o'-fys
on...

Gdzie mogę znaleźć książkę — **Where can I find a telephone**
telefoniczną z adresami i telefonami... **directory?**
łer ken aj fajnd ej te'-le-folin
dy-rek'-to-ry...

...instytucji (YELLOW PAGES)? — **The Yellow Pages?**
d~e je'-lol pej'-dżys

...osób prywatnych (WHITE — **The White Pages?**
PAGES)? *d~e łajt pej'-dżys*

Poczta - niektóre pożyteczne wyrazy i zwroty

adres — **address**
ed'-res

adresat — **addressee**
ed-re-si'

główna poczta — **main post office**
mejn połst o'-fys

kod pocztowy — **ZIP**
zyp

koperta — **envelope**
en'-we-lołp

list ekspres — **express mail**
eks-pres' mejl

list krajowy — **domestic mail**
do-mes'-tyk mejl

list lotniczy — **airmail**
ejr-mejl

list polecony — **registered letter**
*re-dżys-terd le'-
ter*

list polecony ze — **registered**
zwrotnym **return receipt**
potwierdzeniem **requested**
odbioru *re-dżys-terd re-
tern' re-sit' re-
kłe'-sted*

list zagraniczny — **foreign mail**
forejn mejl

nadawca — **sender**
sen'-der

paczka — **package**
pe'-kedż

poste-restante — **general delivery**
*dże-ne-rol de-ly'-
we-ry*

pieniężny prze- — **money order**
kaz pocztowy *ma'-nej or'-der*

telegram — **telegram**
te'-le-grem

znaczek — **stamp**
pocztowy *stemp*

zwrot do — **return to sender**
nadawcy *re-tern' tu sen'-
der*

książka tele- — **YELLOW**
foniczna z adre- **PAGES**
sami i telefo- *je'-loł pej'-dżys*
nami instytucji

książka — **WHITE PAGES**
telefoniczna *łajt pej'-dżys*
z telefonami
i adresami osób
prywatnych

Bank

W Stanach Zjednoczonych, poza drobnymi sumami na bieżące wydatki, bezpieczniej i wygodniej jest trzymać pieniądze w banku i w razie potrzeby pobierać gotówkę z automatycznej maszyny bankowej. Maszyny takie są w bardzo wielu bankach we wszystkich dzielnicach i funkcjonują 24 godziny na dobę. Operacja podejmowania pieniędzy z takiego automatu jest bardzo szybka i wygodna. Do otwarcia konta w banku potrzebny jest określony minimalny wkład (zazwyczaj rzędu 2000 dolarów) oraz dwa różne dowody tożsamości. Jednym z takich dowodów tożsamości może być np. amerykańskie prawo jazdy. Pełniejszych informacji udzielają pracownicy banku.

Gdzie mogę zrealizować moje czeki podróżne? — **Where can I cash my traveler's checks?**
ter ken aj kesz maj tra'we-lers czeks

* Proszę o pański paszport [dowód tożsamości]. — **Your passport, please.**
jur pas'-port, pliiz

Tu jest mój paszport. — **Here is my passport.**
hiir yz maj pas'-port

* Proszę to podpisać. — **Please sign this.**
pliiz sajn d˜yz

W którym miejscu mam podpisać? — **Where do I sign?**
ter du aj sajn

Proszę banknoty po 20 i 50 dolarów. — **Bills of 20 and 50 dollars, please.**
byls ow twen'-ty end fyf'-ty do'-lars, pliiz

Proszę o drobne banknoty i kilka dolarów w monetach. — **Please give me bills in small denominations and a few dollars in coins.**
pliiz gyw mi byls yn smol de-no-mi-nej'-szyns end ej fiu do'-lars yn kojns

Kto mi może udzielić informacji o otworzeniu konta? — **Who can give me some information on opening an account?**
hu ken gyw mi sam yn-for-mej'-szyn on on oł'-pe-nyng en a-kaunt'

Jak mógłbym otworzyć sobie konto w waszym banku? — **How would I open an account in your bank?**
hał łud aj o'-pen en a-kaunt' yn jur benk

Bank

Jaka jest minimalna wpłata przy otwieraniu konta?	**What is the minimum deposit necessary to open an account?** *łat yz d˜e my'-ny-mam de-po'-zyt ne'-se-se-ry tu oł'-pen en a-kaunt*
Kto mógłby mi udzielić pełniejszych informacji?	**Who can give me more information?** *hu ken gyw mi mor yn-for-mej'-szyn*
Czy jest ktoś, kto mówi po polsku?	**Does anyone here speak Polish?** *daz e'-ny-łan hiir spik Poł-lysz*
* Potrzebne są dwa dowody tożsamości.	**You need two pieces of identification (two I.D.s)** *ju nid tu pi'-sys ow aj-den-ty-fy-kej'-szyn (tu aj dis)*

Bank – niektóre pożyteczne wyrazy

bank — **bank**
benk

banknot — **banknote**
benk'-nołt

czek — **check**
czek

czek podróżny — **traveler's check**
tre'-we-lers czek

depozyt — **deposit**
de-po'-zyt

drobne — **change**
czejndż

karta do maszyny bankowej — **automatic teller machine card**
o-to-me'-tyk te'-ler ma-szin' kard

kasjer — **cashier**
ke-szir'

podpis — **signature**
syg'-na-czer

konto… — **account**
e-kaunt'

…czekowe — **checking account**
czek'-yng e-kaunt'

…oszczędnoś-ciowe — **savings account**
sej'-wyngs e-kaunt'

książeczka czekowa — **check book**
czek buk

maszyna bankowa — **automatic teller**
o-to-me'-tyk te'-ler

monety — **coins**
kojnz

wysokość oprocentowania — **rate of interest**
rejt ow yn'-te-rest

wzór podpisu — **sample signature**
sempl syg'-na-czer

zamiana czeków na gotówkę — **cashing of checks**
ke'-szyng ow czeks

Bary szybkiej obsługi

Gdzie jest jakaś kafeteria lub bar szybkiej obsługi?	**Where can I find a cafeteria or a fast food restaurant?** *ter ken aj fajnd ej ka-fe-ty'-rja or ej fest fud res'-to-rant*
* Za następną przecznicą jest... —	**In the next block there is...** *yn d~e nekst blok d~er yz...*
...Mc Donald's	**...McDonald's** *mek do'-nalds*
...Kentucky Fried Chicken	**...Kentucky Fried Chicken** *ken-ta'-ki frajd czy'-ken*
...Burger King	**...Burger King** *ber'-ger kyng*
...Wendy's	**...Wendy's** *ten'-dys*
...Roy Rogers	**...Roy Rogers** *roj ro'-dżers*
Proszę o... —	**Could I have...** *kud aj hew...*
...parówkę w bułce (hot-dog)	**...a hot dog** *ej hot dog*
...hamburgera	**...a hamburger** *ej hem'-ber-ger*
...hamburgera z serem	**...a cheeseburger** *ej cziz'-ber-ger*
...frytki	**...french fries** *frencz frajs*
...kanapkę z kurczakiem	**...a chicken sandwich** *ej czy'-ken send'-łycz*
...pieczone udko kurczaka	**...a drumstick** *ej dram'-styk*
...filiżankę zupy z małży	**...a cup of chowder** *ej kap ow czał'der*
...filiżankę zupy grzybowej	**...a cup of mushroom soup** *ej kap ow masz'-rum sup*

Bary szybkiej obsługi

...pieczoną kiełbaskę   ...a fried sausage
ej frajd so'-sydż

...sałatkę jarzynową   ...a vegetable salad
ej ve'-dży-tejbl sa'-lad

...budyń czekoladowy   ...a chocolate pudding
ej czok'-let pu'-dyng

...herbatę   ...a cup of tea
ej kap ow tii

...coca-colę   ...a glass of coca cola
ej gles ow koł'-ka koł'-la

Czy mogę dostać przyprawy? — Can I get some relish?
ken aj get sam re'-lysz

* Przyprawy i sosy są tam. — The relishes and the sauces are
there.
dˇe re'lysz-yz end dˇe so'-sys ar
dˇeer

Proszę dwie kanapki Big Mac na — Two Big Macs to take out,
wynos.   please.
tu byg meks tu tejk ałt, pliiz

Proszę kawałek pizzy na miejscu. — A piece of pizza, to stay.
ej pis ow pizza, tu stej

* Coś do picia? — Something to drink?
sam'-tˇyng tu drynk

Tak, gorącą herbatę z cytryną. — Yes, some hot tea with lemon.
jes, sam hot tii witˇ le'-mon

Nie, dziękuję. — No, thank you.
noł, tˇank ju

Poproszę... —	**May I have...** *mej aj hew...*
...sałatkę z krewetkami	**...a shrimp salad** *ej szrymp sa'-lad*
...kanapkę z tuńczykiem	**...a tuna sandwich** *ej tu'-na send-wycz*
...kanapkę z szynką	**...a ham sandwich** *ej hem send-wycz*
...dwa jajka na szynce	**...two eggs and ham** *tu egs end hem*
...filiżankę bulionu	**...a cup of bouillon** *ej kap ow bu'-jon*
...talerz zupy jarzynowej	**...a plate of vegetable soup** *aj plejt ow we'-ge-tebl sup*
...stek	**...a steak** *ej stejk*
...gulasz z grzybami	**...a stew with mushrooms** *ej stiu łyt˜ masz'-rums*
...kotlet cielęcy	**...a veal cutlet** *ej wil kat'-let*
...befsztyk krwisty	**...a steak, rare** *ej stejk, rer*
...befsztyk dobrze wysmażony	**...a steak well done** *ej stejk łel dan*
...ziemniaki z wody	**...boiled potatoes** *bojld poł-tej'-tos*
...ziemniaki puree	**...mashed potatoes** *meszd poł-tej'-tos*
...ziemniaki pieczone	**...fried potatoes** *frajd poł-tej'-tos*
...makaron	**...macaroni/pasta** *ma-ka-roł'-ni/pas'-ta*

Kafeteria – restauracja

...ryż   ...rice
          rajs

...sałatę   ...a salad
          ej sa'-lad

...sałatkę owocową   ...a fruit salad
          ej frut sa'-lad

...herbatę   ...a cup of tea
          ej kap ow ti

...kawę   ...a cup of coffee
          ej kap ow ko'-fi

...lody   ...ice cream
          ajs krim

Co jest waszą specjalnością? — **What is your specialty?**
          łat yz jur spe'-siol-ty

Jakie potrawy są dziś najlepsze? — **What is best today?**
          łat yz best tu-dej'

Jaki deser pan poleca? — **What desert do you recommend?**
          łat de-zert' du ju re-ko-mend'

Chciałbym zapłacić. — **I'd like to pay**
          ajd lajk tu pej

* Proszę bardzo. — **That's fine.**
          d~ats fajn

* Płaci się przy kasie. — **You pay the cashier.**
          ju pej d~e ke-szir'

W restauracji ze znajomymi

* Czy jesteś [jest pan, pani] głodny? — **Are you hungry?**
ar ju hang'-ry

Tak, jestem głodny. — **Yes, I am hungry.**
jes, aj em hang'-ry

Nie, nie jestem głodny. — **No, I am not hungry.**
noł, aj em not hang'-ry

* Czy jadłeś już... — **Have you had...**
hew ju hed...

...śniadanie? — **...your breakfast?**
jur brek'-fest

...obiad? — **...your lunch?**
jur lancz

Tak, jadłem. — **Yes, I have.**
jes, aj hew

Tak, to jest bardzo dobre. — **Yes, this is very good.**
jes, d˜ys yz we'-ry gud

Bardzo mi smakuje. — **I like it very much.**
aj lajk yt we'-ry macz

To jest niezłe. — **This is quite good.**
d˜ys yz kłajt gud

Przepraszam, nie mogę tego jeść. — **I am sorry I cannot eat this.**
aj em so'-ry, aj ken'-not it d˜ys

Nie jestem do tego przyzwyczajony. — **I am not used to this kind of food.**
aj em not juz tu d˜ys kajnd ow fud

Bardzo smaczne. — **Very tasty.**
we'-ry tejs'-ty

* Proszę wziąć więcej. — **Please have some more.**
pliz hew sam mor

Chętnie. — **Yes, please.**
jes, pliiz

Dziękuję, już się najadłem. — **Thank you, I have had enough to eat.**
t˜enk ju, aj hew hed e-nuf˜ tu it

W restauracji ze znajomymi

* Czy chciałbyś coś do picia? — **Would you like something to drink?**
łud ju lajk sam'-t~yng tu drynk

Poproszę o szklankę... — **I would like a glass of...**
aj łud lajk ej gles ow...

...soku   **...juice.**
dzius

...mleka   **...milk.**
mylk

...herbaty   **...tea.**
tii

...coca-coli.   **...coca cola.**
koł'-ka koł'-la

Czy mogę prosić o filiżankę kawy? — **May I have a cup of coffee, please?**
mej aj hew ej kap ow ko'-fi, pliiz

* A może dżin z tonikiem, lub whisky? — **May be some gin and tonic, or whisky?**
mej bi sam dżyn end to'-nyk, or łys'-ki

Dziękuję, z przyjemnością. — **Thank you, with pleasure.**
t~enk ju, łyt~ ple'-ziur

Dziękuję, nie piję. — **Thank you, I do not drink.**
t~enk ju, aj du not drynk

* Może jeszcze jakąś przekąskę? — **Perhaps another hors d'oeuvre?**
per-heps' e-nad~er or dewr

* Jakiś deser? — **Some desert?**
sam de-zert'

To jedzenie jest pyszne. — **The food is excellent.**
d~e fuud yz ek'-se-lent

baranina — **lamb**
lem

befsztyk — **beefsteak**
bif'-stejk

cielęcina — **veal**
wil

cynaderki — **kidneys**
kyd'-nejs

flaki — **tripe**
trajp

gulasz — **goulash/stew**
gu'-lasz/stju

indyk — **turkey**
ter'-ki

kaczka — **duck**
dak

kiełbasa — **sausage**
so'-sydż

kotlet — **cutlet**
kat'-let

kurczak — **chicken**
czy'-ken

mięso duszone — **braised meat**
brejzd' mit

pieczeń — **roast**
rołst

stek — **steak**
stejk

szynka — **ham**
hem

wątróbka — **liver**
ly'-wer

wieprzowina — **pork**
pork

ryby — **fish**
fysz

małże — **shellfish**
szel'-fysz

homar — **lobster**
lob-ster

krab — **crab**
kreb

krewetka — **shrimp**
szrymp

ślimak — **snail**
snejl

ostryga — **oyster**
oj'-ster

łosoś — **salmon**
sa'-mon

pstrąg — **trout**
trałt

sardynka — **sardine**
sar-din'

szczupak — **pike**
pajk

tuńczyk — **tuna**
tu'-na

Napoje

herbata — **tea**		sok — **juice**	
ti		*dzius*	
kawa — **coffee**		wino... — **wine...**	
ko'-fi		*łajn*	
lemoniada — **lemonade**		...białe	...**white**
le'-mo-nejd			*łajt*
mleko — **milk**		...czerwone	...**red**
mylk			*red*
napój — **alcoholic**		...słodkie	...**sweet**
alkoholowy	**beverage**		*słit*
	al-ko-ho'-lyk be'-	...wytrawne	...**dry**
	we-redż		*draj*
piwo — **beer**		wódka — **vodka**	
bir		*wod'-ka*	

Zakupy, ceny, tanie sklepy

Większość sklepów amerykańskich prowadzi sprzedaż z pełnym dostępem klienta do towaru. Sprzedawane produkty i wyroby, z reguły oznaczone metką z wyraźną ceną, wyłożone są na stołach i półkach. Klient może dowolnie długo oglądać i przebierać, obsługa sklepowa gotowa jest w każdej chwili pomóc, czy udzielić informacji. Oglądanie i przebieranie, choćby najdłuższe, nie zobowiązuje do kupienia. Ważną częścią amerykańskiego systemu sprzedaży detalicznej są tak zwane SALE, czyli wyprzedaże po cenach obniżonych. Obniżki oferuje się w różnej wysokości i z różnych powodów, ale niemal w każdym sklepie jakaś część towarów jest zawsze na wyprzedaży. Obniżki cen bywają rzędu kilkunastu, czy kilkudziesięciu procent, czasami nawet do 50% i więcej. Największe obniżki oferują sklepy, będące w likwidacji. Należy się jednak mieć na baczności przed niektórymi nieuczciwymi właścicielami, którzy wywieszając ogłoszenia o wielkiej wyprzedaży nadal pobierają wysokie ceny, licząc na naiwność klientów. Warto zawsze porównać ceny podobnych wyrobów w przynajmniej kilku różnych sklepach.

Dla osób o ograniczonych zasobach finansowych bardzo pożyteczną instytucją są tak zwane THRIFT SHOP, czyli tanie sklepy wyrobów używanych. Najbardziej znane z takich sklepów, sprzedające przede wszystkim używaną odzież, obuwie, książki, meble, oraz różne przedmioty gospodarstwa domowego – to sklepy prowadzone przez Armię Zbawienia (Salvation Army) i firmę Goodwill. Ceny w thriftshopach są relatywnie bardzo niskie, a czasami można w nich znaleźć przedmioty nowe lub prawie nowe o bardzo wysokiej jakości.

Adresy i telefony thrift store'ów można znaleźć w książkach telefonicznych (Yellow Pages) poszczególnych miejscowości lub dzielnic.

Gdzie jest najbliższy sklep z ...	— **Where is the nearest (store selling)...**
	łer yz d˜e ni'-rest (stoor se'-lyng)
...artykułami gospodarstwa domowego?	**...household goods?**
	hałs-hold gudz
...gotową odzieżą?	**...clothing?**
	kloł'-z˜yng
...jubilerski?	**...jeweler?**
	dziu'-ler
...księgarnia?	**...bookstore?**
	buk'-stoor
...obuwiem?	**...shoe store?**
	szu'-stoor
...papierniczy?	**...stationery store?**
	stej'-szon-ery stoor
...sportowy?	**...sporting goods store?**
	spor'-tyng guds stoor
...spożywczy?	**...grocery?**
	groł'-se-ry
...sprzętu radio-telewizyjnego?	**...radios & televisions?**
	rej'-djo end te'-le-wyżns
...upominkami?	**...souvenirs?**
	su'-we-nirs
...wyrobów żelaznych?	**...hardware store?**
	hard-łer stoor

Zakupy, ceny, tanie sklepy

ZDANIA NAJCZĘŚCIEJ KIEROWANE DO NAS

Czy mogę w czymś pomóc? — **Can I help you?**
ken aj help ju

Czym mogę służyć? — **How can I help you?**
hał ken aj help ju

Proszę bardzo obejrzeć sobie. — **Please look around.**
pliiz luk e'-raund

Czy szuka pan[pani] czegoś — **Are you looking for something**
szczególnego? **in particular?**
*ar ju luk'-yng for sam'-t˜yng yn
par-ty'-kiu-lar*

Jakiego koloru [rozmiaru] pani szuka? — **What color [size] are you
looking for?**
łat ka'-ler [sajz] ar ju lu'-kyng for

Ten dział jest na ... piętrze. — **That department is on the ...
floor.**
d˜et de-part'-ment yz on d˜e ...flor

Czy coś jeszcze? — **Is there something else?**
yz d˜er sam'-t˜yng els

Kasa jest tam. — **The cashier is over there.**
d˜e ke-szir' yz oł'-wer d˜er

Gdzie mogę znaleźć ...? — **Where can I find ...?**
łer ken aj fajnd

Czy to jest cena obniżona? — **Is this a reduced (sale) price?**
yz d˜ys ej re-diust (sejl) prajs

Ile kosztowało normalnie? — **What is the regular price?**
łat yz d˜e re'-giu-lar prajs

Gdzie jest wyprzedaż dnia? — **Where are the daily special sale
items?**
*łer ar d˜e dej'-ly speszl sejl
aj'-tems*

Na razie oglądam. — **I am looking.**
aj em lu'-king

Zakupy, ceny, tanie sklepy

Czy może mi pan pokazać ...? — **Could you show me...?**
kud ju szoł mi...

Chcę zobaczyć ... taki, jak na — **I'd like to see ... same as the one**
wystawie. **in the window.**
ajd lajk tu si...sejm ez d˜e łan
yn d˜e łyn'-doł

Kupowanie odzieży

* Czy mógłbym panu [pani] pomóc? — **Can I help you?**
ken aj help ju

* Czym mogę służyć? — **How can I help you?**
hał ken aj help ju

Chciałbym kupić koszulę sportową — **I would like to buy a sports shirt.**
aj łud lajk tu baj ej sports szert

Chciałbym kupić bluzkę. — **I would like to buy a blouse.**
aj łud lajk tu baj ej blałs

* Jaki pan [pani] nosi rozmiar? — **What is your size?**
łat yz jur sajz

Przepraszam, nie znam swojego — **I am sorry, I do not know my**
(amerykańskiego) rozmiaru. **American size.**
aj em so'-ry, aj du not noł maj a-
me'-ry-ken sajz

Czy może pan [pani] mnie zmierzyć? — **Could you measure me?**
kud ju me'-ziur mi

Chciałbym coś z takich modeli. — **I would like something like this**
model.
aj łud lajk samt˜'-yng lajk d˜ys
mo'-del

Czy macie to w innych kolorach? — **Do you have it in other colors?**
du ju hew yt yn ad˜er ka'-lers

To chyba będzie na mnie za duże. — **This will be probably too big for**
me.
d˜ys łyl bi pro'-bab-ly tu byg for
mi

Kupowanie odzieży

To jest za szerokie. — **This is too wide.**
d˜ys yz tu łajd

To jest za wąskie. — **This is too narrow.**
d˜ys yz tu ne'-roł

Jaka to jest tkanina? — **What is this material?**
łat yz d˜ys ma-tyr'-iel

* Czysta wełna. — **Pure wool.**
piur łul

* 100 procent bawełny. — **100 percent cotton.**
łan han'-dred per-sent' ko'-ton

* To jest mieszanka, skład podany jest — **This is a blend as shown on the**
na metce fabrycznej. **label.**
*d˜ys yz ej blend ez szołn on d˜e
lej'-bel*

Czy to musi być prane chemicznie? — **Does it have to be dry cleaned?**
daz yt hew tu bi draj klind

Czy można to prać w domu? — **Can it be washed at home?**
ken yt bi łoszd et hołm

Czy to musi być prane ręcznie? — **Does it have to be washed by
hand?**
daz yt hew tu bi łoszd baj hend

Czy to może być prane w pralce? — **Can it be washed in the
machine?**
ken yt bi łoszd yn d˜e ma-szin'

Czy trzeba prasować? — **Does it have to be ironed?**
daz yt hew tu bi aj'-rond

* To jest również zaznaczone na — **This is also shown on the label.**
metce. *d˜ys yz ol'-so szołn on d˜e lejbl*

To mi odpowiada. — **I like this.**
aj lajk d˜ys

To jest dla mnie zbyt — **This is too much for me.**
ekstrawaganckie. *d˜ys yz tu macz for mi*

To jest za drogie. — **This is too expensive.**
d˜ys yz tu eks-pen'syw

Kupowanie odzieży

Chciałbym coś tańszego. — **I would like something less expensive.**
aj łud lajk sam'-t˜yng les eks-pen'-syw

Czy to ma obniżoną cenę (z racji wyprzedaży)? — **Is this on sale?**
yz d˜ys on sejl

Jaka była normalna cena? — **What was the regular price?**
łat łoz d˜e re'-giu-lar prajs

Czy mógłbym to zmierzyć? — **Can I try it on?**
ken aj traj yt on

Gdzie mógłbym to zmierzyć? — **Where can I try it on?**
łer ken aj traj yt on

To jest za duże. — **This is too big.**
d˜ys yz tu byg

Czy macie mniejsze rozmiary? — **Do you have smaller sizes?**
du ju hew smo'-ler saj'-zys

To jest za małe. — **This is too small.**
d˜ys yz tu smol

Czy macie większe rozmiary? — **Do you have larger sizes?**
du ju hew lar'-dżer saj'-zys

To jest za ciasne w talii. — **This is too tight at the waist.**
d˜ys yz tu tajt et d˜e łejst

Rękawy są za długie. —**The sleeves are too long.**
d˜e sliwz ar tu long

Czy robicie poprawki? — **Do you do alterations?**
du ju du ol-te-rej'-szyns

Czy jest osobna opłata za przeróbki [dopasowanie]? — **Is there an extra charge for alterations?**
yz d˜er en ekstra czardż for ol-te-rej'-szyns

Kiedy to będzie gotowe? — **When will this be ready?**
łen łyl d˜ys bi re'-dy

Czy mogę zapłacić czekiem podróżnym? — **Can I pay with a traveler's check?**
ken aj pej łyt˜ ej tre'-we-lers czek

Kupowanie odzieży

Poproszę o dowód sprzedaży. — **May I have a receipt, please.**
mej aj hew ej re-sit', pliz

Chyba się pan pomylił przy — **I think you gave me the wrong**
wydawaniu reszty. **change.**
aj t˜ynk ju gejw mi d˜e rong czjndż

To jest za... — **This is too...**
d˜ys yz tu...

...długie ...**long**
long

...krótkie ...**short**
szort

...obszerne ...**wide**
łajd

...ciasne ...**tight**
tajt

...ciężkie ...**heavy**
he'-wi

...ciemne ...**dark**
dark

...jaskrawe ...**bright**
brajt

...drogie ...**expensive**
eks-pen'-syw

Czy ma pan coś... — **Do you have something...**
du ju hew som-t˜yng...

...większego ...**bigger**
by'-ger

...mniejszego ...**smaller**
smo'-ler

...tańszego ...**less expensive**
les eks-pen'-syw

...w innych kolorach ...**in other colors**
yn a'-d˜er ka'-lers

Kupowanie odzieży - ważniejsze kolory

biały — **white**
łajt

brązowy — **brown**
braun

czarny — **black**
blek

czerwony — **red**
red

fioletowy — **violet**
waj'-let

granatowy — **navy blue**
nej'-wi blu

khaki — **olive**
o'-lyw

kremowy — **cream white**
krim łajt

lila — **pale violet**
pejl waj'-let

niebieski — **blue**
blu

purpurowy — **purple**
perpl

różowy — **pink**
pynk

seledynowy — **aquamarine**
ak-wa-ma-rin'

szary — **gray**
grej

zielony — **green**
grin

żółty — **yellow**
je'-loł

jasny — **light**
lajt

ciemny — **dark**
dark

gładki — **smooth**
smus~

szorstki — **rough**
raf

świecący — **shiny**
szaj'-ny

matowy — **dull**
dal

Kupowanie odzieży - nazwy tkanin, włókien i skór

angora (wełna — **angora**
królików   *en-go'-ra*
angorskich)

anilana — **acrylic**
ek-ry'-lyk

bawełna — **cotton**
ko'-ton

gabardyna — **gabardine**
ga'-bar-din

jedwab — **silk**
sylk

sztuczny jedwab — **artificial silk**
ar-ty-fy'-siol sylk

kreton — **cretonne**
kre'-ton

len — **linen**
ly'-nen

Kupowanie odzieży - nazwy tkanin, włókien i skór

kożuch — **sheepskin**
(skóra owcza) *szips'-skyn*

płótno — **cloth**
klos˜

rajon — **rayon**
re'-jon

skóra — **leather**
le'-d˜er

szetland — **shetland**
szet'-land

sztuczna skóra — **leatherette (artificial leather)**
*le-d˜er-et (ar-ty-
fy'-siol le-d˜er)*

welwet — **velvet**
wel'-wet

sztuczne włókno — **artificial fiber**
*ar-ty-fy'-siol faj'-
ber*

w drobne prążki — **narrow stripe**
ne-roł strajp

w grube prążki — **wide stripe**
łajd strajp

wełna — **wool**
łul

zamsz — **suede**
słejd

Niektóre elementy garderoby męskiej

garnitur — **suit**
sut

marynarka — **jacket**
dże'-ket

kurtka — **short coat**
szort kołt

spodnie — **pants**
pents

dżinsy — **jeans**
dżins

koszula — **shirt**
szert

krawat — **tie**
taj

muszka — **bow tie**
boł taj

podkoszulek — **undershirt**
an'-der-szert

sweter — **sweater**
słe'-ter

kamizelka — **vest**
west

slipy (krótkie — **shorts**
kalesony) *szorts*

długie kalesony — **long johns**
long dżons

piżama — **pyjamas**
py-dża'-mas

szlafrok — **dressing gown**
dre'-syng gałn

płaszcz, — **coat**
prochowiec *kołt*

Niektóre elementy garderoby męskiej

płaszcz przeciw- — **raincoat**
deszczowy   *rejn'-kołt*

szalik — **scarf**
      skarf

kapelusz — **hat**
        het

czapka — **cap**
       kep

skarpety — **socks**
         soks

buty — **shoes**
     szus

sandały — **sandals**
        sen'-dols

kapcie — **slippers**
       sly'-pers

laska — **walking stick**
      ło-kyng styk

parasol — **umbrella**
        am-bre'-la

spinki do — **cuff links**
mankietów   *kaf lynks*

chustka do nosa — **handkerchief**
              hen'-ker-czyf

portfel — **wallet**
        ło'-let

Niektóre elementy garderoby damskiej

spódnica — **skirt**
         skert

bluzka — **blouse**
       blauz

sukienka — **dress**
         dres

szal — **scarf**
     skarf

stanik, — **bra**
biustonosz *bra*

majtki — **panties**
       pen'-tis

halka — **slip**
      slyp

pończochy — **stockings/hose**
          sto'-kyngs/hołz

rajstopy — **pantyhose/tights**
         pen'-ty-hołz/tajts

koszula nocna — **nightgown**
              najt'-galn

szlafrok, — **housecoat**
podomka   *hałs-kołt*

pantofle na wy- — **high heel shoes**
sokim obcasie   *haj hil szus*

pantofle na — **low heel shoes**
niskim obcasie *lol hil szus*

tenisówki — **tennis shoes**
          te'-nys szus

botki (kozaczki) — **boots**
                buts

pantofle spor- — **sneakers**
towe ze skóry *sni'-kers*

kapelusz — **hat**
         het

czapka — **cap**
       kep

77

Niektóre elementy garderoby damskiej

zegarek — **watch**
łocz

okulary — **sunglasses**
słoneczne   *san'-gle-sys*

chustka — **kerchief**
ker'-czyf

grzebień — **comb**
koumb

szczotka do — **hairbrush**
włosów   *heir'-brasz*

kosmetyczka — **toilet bag**
toj'-let beg

torebka — **handbag**
hend'-beg

biżuteria — **jewelry**
dziul'-ry

pierścionek — **ring**
ryng

łańcuszek — **chain**
czejn

bransoletka — **bracelet**
brejs'-let

naszyjnik — **necklace**
nek-les

kolczyki — **earrings**
ir-ryngs

Fryzjer męski

Gdzie tu jest fryzjer męski? — **Where can I find a barber?**
łer ken aj fajnd ej bar'-ber

Czy długo trzeba czekać? — **Is there a long wait?**
yz d˜er ej long łejt

* Nie, może pan być przyjęty od razu. — **No, I can take you right away.**
noł, aj ken tejk ju rajt e-łej'

* Jakieś 15 minut. — **About 15 minutes.**
e-bałt' fyf'-tin my'-nyts

Strzyżenie proszę. — **A haircut, please.**
ej her'-kat, pliz

Strzyżenie i golenie proszę. — **A haircut and a shave, please.**
ej her'-kat end ej szejw, pliz

Proszę tylko poprawić i lekko skrócić. — **Just a trim, please.**
dżast ej trym, pliz

Proszę nie skracać za bardzo. — **Please don't cut off too much.**
pliz dount kat of tu macz

Proszę trochę więcej ściąć... — **Please cut a bit more...**
pliz kat ej byt mor...

...z tyłu   **...at the back.**
et d˜e bek

...z boków   **...on the sides.**
on d˜e sajds

...od góry   **...on the top.**
on d˜e top

...na karku   **...on the neck.**
on d˜e nek

* Czy życzy pan sobie... — **Would you like some...**
łud ju lajk sam...

...wodę kolońską?   **...eau de cologne?**
oł de ko-loń'

...brylantynę?   **...hair cream?**
her krim

...masaż?   **...a massage?**
ej ma-saż'

Nie, dziękuję, proszę nic nie dawać na — **No, thank you, don't put**
włosy.   **anything on the hair.**
— no t˜enk ju, dount put e'-ny-
t˜yng on d˜e her

Dziękuję, tak będzie dobrze. — **Thank you, this is fine.**
t˜enk ju, d˜ys yz fajn

Ile płacę? — **How much do I owe you?**
hał macz du aj oł ju

Fryzjer damski

Gdzie jest dobry fryzjer damski? — **Where can I find a good hairdresser?**
ler ken aj fajnd ej gud her'-dre-ser

Chciałabym się uczesać modnie. — **I would like to have a fashionable hair do (cut).**
aj łud lajk tu hew ej fe'-szo-nebl her du (kat)

Chciałabym się uczesać tradycyjnie. — **I would like to have a traditional hair do (cut)**
aj łud lajk tu hew ej tra-dy'-szo-nel her du (kat)

Czy długo trzeba będzie czekać? — **Will it take long?**
łyl yt tejk long

Czy można się umówić na ... — **Could I make an appointment for...**
kud aj mejk en a-point'-ment for...

...jutro? — **...tomorrow?**
tu-mo'-roł

...sobotę? — **...Saturday?**
sa'-ter-dej

...za tydzień? — **...a week from now?**
ej łik from nał

Chciałabym umyć włosy. — **I would like a wash.**
aj łud lajk ej łosz

Chciałabym się ładnie ostrzyc. — **I would like to have a nice cut.**
aj łud lajk tu hew ej najs kat

Czy może mi pan zaproponować jakiś wzór modnego uczesania? — **Could you suggest a nice cut?**
kud ju sa-dżest' ej najs kat

Chcę się ostrzyc ładnie, ale raczej tradycyjnie. — **I would like to have a nice, traditional cut.**
aj łud lajk tu hew ej najs, tra-dy'-szo-nel kat

Czy może mi pan zaproponować jakiś inny model uczesania? — **Could you suggest another cut?**
kud ju sa-dżest' e-na'-d˜er kat

Chciałabym coś takiego. — **I would like something like that.**
aj łud lajk sam'-t˜yng lajk d˜at

Proszę za bardzo nie skracać. — **Please don't cut off too much.**
pliz dount kat of tu macz

Chciałabym ufarbować włosy. — **I would like to dye my hair.**
aj łud lajk tu daj maj her

Czy ma pan katalog farb? — **Do you have a color chart?**
du ju hew ej ka'-ler czart

Ten kolor mi odpowiada. — **This color suits me fine.**
d͂ys ka'-ler suts mi fajn

Ile to będzie kosztowało? — **How much will this cost?**
hał macz łyl d͂ys kost

* Czy życzy pani sobie odżywkę na — **Would you like a conditioner?**
włosy? *łud ju lajk ej kon-dy'-szo-ner*

Tak, proszę — **Yes, please.**
jes, pliz

Nie, dziękuję. — **No, thank you.**
noł, t͂enk ju

Proszę mi przyciąć grzywkę. — **Could you please trim the bangs?**
kud ju pliz trym d͂e bengs

Proszę trochę zebrać ... —**Could you take some off...**
kud ju tejk sam of...

...z góry **...from the top.**
from d͂e top

...po bokach **...from the sides.**
from d͂e sajds

...w tych miejscach. **...from here and there...**
from hir end d͂er

Nie za dużo, proszę. — **Not too much, please.**
not tu macz, pliz

Dziękuję, tak będzie dobrze. — **Thank you, that looks fine.**
t͂enk ju, d͂at luks fajn

Ile płacę? — **How much do I owe you?**
hał macz du aj oł ju

Pralnia chemiczna

Gdzie jest najbliższa pralnia — **Where is the nearest dry cleaner?**
chemiczna? *łer yz d˜e ni-rest draj kli'-ner*

Czy można te rzeczy uprać u państwa? — **Can you clean these?**
ken ju klin d˜iz

Czy to nie straci koloru? — **Are these color fast?**
ar d˜iz ka'-ler fast

Czy ta plama zejdzie w praniu — **Can you get rid of this spot?**
chemicznym? *ken ju get ryd ow d˜ys spot*

To jest ... — **It is...**
yt yz

...atrament z długopisu ...**ink.**
ynk

...farba olejna ...**oil paint.**
ojl pejnt

...jakiś smar ...**some kind of grease.**
sam kajnd ow gris

...szminka ...**lipstick.**
łyp-styk

...sos ...**sauce.**
sos

...sok owocowy ...**fruit juice.**
frut dzius

...trawa ...**grass.**
gres

...tusz ...**india ink.**
ynd'-ja ynk

...krew ...**blood.**
blad

...jakiś środek chemiczny ...**some chemical.**
sam ke'-mi-kal

Ile to będzie kosztowało? — **How much will this cost?**
hał macz łyl d˜ys kost

Na kiedy to będzie gotowe? — **When will this be ready?**
łen łyl d˜ys bi re'-dy

Pralnia chemiczna

Ta koszula nie jest moja. — **This shirt is not mine.**
d˜ys szert yz not majn

Przy tym był jeszcze pasek. — **There was a belt with this.**
d˜er łoz ej belt wit˜ d˜ys

Brakuje jednej rzeczy. — **I am missing one item.**
aj em my'-syng łan aj'-tem

Plama znikła bez śladu. — **The spot is gone.**
d˜e spot yz gon

Ta plama nie znikła. — **The spot is still there.**
d˜e spot yz styl d˜er

* Spróbujemy jeszcze raz, użyjemy — **We'll try again, using another**
innego środka. **method.**
łyl traj e-gein', ju'-zyng e-na'-d˜er met˜'od

* Za pranie tej rzeczy nie weźmiemy — **There will be no charge for**
opłaty. **cleaning this garment.**
d˜er łyl bi noł czardż for kli'-nyng d˜ys gar'-ment

Ile płacę? — **How much do I owe you?**
hał macz du aj oł ju

Pralnie samoobsługowe

W Stanach Zjednoczonych są bardzo rozpowszechnione tanie i wygodne pralnie samoobsługowe, gdzie za niewielką opłatą można korzystać z automatycznych pralek i suszarek. Po raz pierwszy do takiej pralni warto jednak pójść razem z kimś, kto zna już taki sprzęt i pokaże nam, jak się go obsługuje.

Przepraszam, czy może mi pan [pani] — **Excuse me, can you show me**
pokazać, jak się to obsługuje? **how this works?**
eks-kjuz' mi, ken ju szoł mi hał d˜ys łerks

Kiedy wsypuje się proszek? — **When do I put in the powder?**
łen du aj put yn d˜e pał'-der

Pralnie samoobsługowe

Ile pieniędzy trzeba włożyć do pralki? — **How much money do I put into the washer?**
hał macz ma'-nej du aj put yntu d˜e ło'-szer

Ile proszku muszę wsypać na tę ilość bielizny? — **How much soap powder should I put in for this much laundry?**
hał macz sołp pał'-der szud aj put yn for d˜ys macz lond'-ry

Ile mniej więcej czasu trwa upranie takiej rzeczy? — **About how long does it take to wash this?**
e-bałt hał long daz yt tejk tu łosz d˜ys

Przepraszam, czy pani używa tę suszarkę? — **Excuse me, are you using this dryer?**
eks-kjuz' mi, ar ju ju'-zyng d˜ys drajer

Czy może mi pani pokazać, jak włączyć odwirowywanie? — **Could you show me how to start the tumbling cycle?**
kud ju szoł mi hał tu start d˜e tam'-blyng saj'-kel

Czy pralnia czynna jest również w soboty i niedziele? — **Is this laundromat open on Saturdays and Sundays?**
yz d˜ys lon'-dro-met oł'-pen on sa'-ter-dejs end san'-dejs

Jaki proszek do prania jest najlepszy? — **What is the best soap powder to use?**
łat yz d˜e best sołp pał'-der tu juz

Czy używa pani detergentów w płynie? — **Do you use liquid detergents?**
du ju juz lyk'-łyd de-ter'-dżents

Na zakończenie stosuję środek do zmiękczania. — **I put the fabric softener at the end.**
aj put d˜e feb'-ryk sof'-ner et d˜e end

Poszukiwanie pracy, zmiana pracy

W Stanach Zjednoczonych sytuacje, w których zmienia się pracę bądź szuka się pracy, są znacznie częstsze, niż (do ostatnich lat) w Polsce. Pracy szuka się bądź osobiście, przez znajomych i na podstawie ogłoszeń (w prasie zarówno amerykańskiej, jak i polskojęzycznej), lub przez wyspecjalizowane agencje pośrednictwa pracy.

W większych miastach, będących skupiskami Polonii, istnieje z reguły wiele polskich agencji. Usługi ich są jednak dość drogie, a przy tym, niestety, nie wszystkie z nich są jednakowo solidne. Przed wybraniem agencji warto się więc poradzić kogoś, kto ma już w tym względzie doświadczenie.

Szukam pracy. — **I am looking for a job.**
aj em luk'-yng for ej dżob

Jestem bez pracy. — **I am out of work.**
aj em ałt ow łork

Nie mam pracy. — **I do not have a job.**
aj du not hew ej dżob

Składam podanie o pracę. — **I am applying for a job.**
aj em a-pla'-yng for ej dżob

Czy możesz mi pomóc w znalezieniu — **Can you help me find a job?**
pracy? *ken ju help mi fajnd ej dżob*

Idę na rozmowę [wywiad] u — **I am going to a job interview.**
(potencjalnego) pracodawcy. Czy **Can you go with me?**
możesz iść ze mną? *aj em go'-yng tu ej dżob yn'-ter-wiu.*
ken ju goł wit˜ mi

Czy ta organizacja pomoże mi w — **Will this organization help me**
znalezieniu pracy? **find a job?**
łyl d˜ys or-ga-naj-zej'-szyn help mi
fajnd ej dżob

* Jaki był twój zawód przed — **What was your occupation**
przyjazdem do Stanów? **before you came to the U.S.?**
łat łoz jur o-kiu-pej'-szyn bi'-for ju
kejm tu d˜e ju-es-ej

Byłem pracownikiem państwowym. — **I was a government official.**
aj łoz ej ga'-wer-ment o-fy'-szl

Poszukiwanie pracy, zmiana pracy

Byłem w wojsku. — **I was in the military.**
aj łoz yn d~e my'-ly-te-ry

Byłem studentem. — **I was a student.**
aj łoz ej stu'-dent

Byłem ... /zawód/. — **I was a .../profession/**
aj łoz ej ...(pro-fe'-szyn)

Pracowałem w ... /nazwa organizacji/. — **I worked for ...name of organization/**
aj łerkd for ...(nejm ow or'-ga-naj-zejszn)

* Jak długo pracowałeś na tym stanowisku? — **How long did you work there?**
hał long dyd ju łerk d~er

Pracowałem na tym stanowisku sześć lat. — **I worked there for six years.**
aj łerkd d~er for syks jirs

Czy możesz mi polecić dobrą agencję pośrednictwa pracy? — **Can you recommend a good employment agency?**
ken ju re-ko-mend' ej gud em-ploj'-ment ej'-dżyn-sy

Czy jest tam ktoś, kto mówi po polsku? — **Can someone there speak Polish?**
ken sam'-łan d~er spik poł'-lysz

Ile oni biorą za znalezienie pracy? — **How much do they charge for finding a job?**
hał macz du d~ej czardż for fajn'-dyng ej dżob

W jakich specjalnościach najłatwiej znaleźć pracę? — **What jobs are easiest to find?**
łat dżobs ar i'-zjest tu fajnd

Czy jest praca dla kogoś, kto słabo zna angielski? — **Is there any work for someone whose English is poor?**
yz d~er e'-ny łerk for sam'-łan huz yng'-lysz yz pur

Ile wynosi wynagrodzenie za tę pracę? — **How much does this job pay?**
hał macz daz d~ys dżob pej

Jakie są godziny pracy? — **What are the hours?**
łat ar d~e a'-łurs

Czy płacą co tydzień, czy co dwa tygodnie? — **Do you get paid every week or every other week?**
du ju get pejd e'-wry tik or e'-wry o'-d˜er tik

Poza pensją, czy są inne świadczenia /socjalne/? — **Besides the salary, are there any benefits included with the job?**
be'-sajds d˜e sa'-le-ry, ar d˜er e'-ny be'-ne-fyts yn-klu'-ded wit˜ d˜e dżob

Jak jest ze zwolnieniami chorobowymi i urlopem? — **What about sick leave and vacation time?**
łat e-bałt' syk liw end ve-kej'-szyn tajm

Jak jest z podwyżkami i awansami? — **What about pay raises and promotion?**
łat e-bałt pej rej-zys end pro-moł'-szyn

Kto będzie moim bezpośrednim zwierzchnikiem? — **Who will be my immediate supervisor?**
hu łyl bi maj ym-mi'-djet su'-per-waj-zor

Kiedy może mi pan dać znać? — **When can you let me know?**
łen ken ju let mi noł

Chciałbym trochę czasu na zastanowienie się nad tym. — **I would like a little time to think about it.**
aj łud lajk a lytl tajm tu t˜ynk e-bałt' yt

Kiedy muszę dać panu znać? — **When do I have to let you know?**
łen du aj hew tu let ju noł

Czy to jest praca na pełnym etacie, czy na pół etatu? — **Is this full-time or part-time job?**
yz d˜ys ful tajm or ej part tajm dżob

Czy macie państwo jakąś pracę dorywczą? — **Do you have any part-time work?**
du ju hew e'-ny part tajm łerk

Czy można znaleźć pracę na soboty i niedziele? — **Can I find some work for Saturdays and Sundays?**
ken aj fajnd sam łerk for se'-ter-dejs end san'-dejs

Poszukiwanie pracy, zmiana pracy

Mogę pracować w nocy. — **I can work at night.**
aj ken łerk et najt

Uczę się języka i robię postępy. — **I am learning the language and making good progress.**
aj em ler'-nyng dˇe leng'-łycz end mej'-kyng gud pro'-gres

Czy macie państwo oferty pracy dla pomocy domowej? — **Do you have any openings for domestic work?**
du ju hew eny oł'-pe-nyngs for do-mes'-tyk łerk

Z opieką nad dziećmi? — **Including child care?**
yn-klu'-dyng czajld ker

Bez dzieci? — **Without children?**
łytˇ-ałt czyld'-ren

Nazwy zawodów i specjalności

architekt — **architect**
ar'-ki-tekt

brygadzista — **foreman**
for'-men

chemik — **chemist**
ke'-myst

cieśla — **carpenter**
kar'-pen-ter

dentysta — **dentist**
den'-tyst

dozorca, stróż — **yardman**
jard'-men

dozorca domu — **janitor**
dże'-ny-tor

drukarz — **printer**
pryn'-ter

dziennikarz — **journalist**
dżer'-na-lyst

elektryk — **electrician**
e-lek-tryszn'

farmaceuta — **pharmacist**
far'-ma-syst

fryzjer damski — **hairdresser**
hejr'-dre-ser

fryzjer męski — **barber**
bar'-ber

hydraulik — **plumber**
pla'-mer

introligator — **bookbinder**
buk'-bajn-der

inżynier — **engineer**
en-dży-nir'

kelner — **waiter**
łej'-ter

kelnerka — **waitress**
łejt'-res

Nazwy zawodów i specjalności

kierowca — **driver**
draj'-wer

kierowca — **truck driver**
ciężarówki *trak draj'-wer*

kowal — **blacksmith**
blek-smys~

krawiec — **tailor,**
dressmaker
tej'-lor, dres'-
mej-ker

kreślarz — **draftsman**
drafts'-men

księgowy — **bookkeeper**
buk'-ki-per

kucharz (rka) — **cook**
kuk

lekarz — **doctor**
dok'-ter

magazynier — **stock clerk**
stok klerk

malarz — **painter**
pejn'-ter

maszynistka — **typist**
taj'-pyst

mechanik — **mechanic**
me-ka'-nyk

mechanik — **auto mechanic**
samochodowy *o'-to me-ka'-nyk*

modelka — **fashion model**
feszn mo'-del

murarz — **bricklayer**
bryk-le'-jer

nauczyciel — **teacher**
ti'-czer

opiekunka do — **baby sitter**
dzieci *bej'-bi sy'-ter*

optyk — **optician**
op-tyszn'

piekarz — **baker**
bej'-ker

pielęgniarka — **nurse**
ners

pomoc — **nurse's aid**
pielęgniarska *ner'-sys ejd*

pomoc domowa — **housekeeper**
hats'-ki-per

portier — **doorman**
dor'-men

pracownik pralni — **laundryman**
lon'-dry-men

prawnik — **lawyer**
lo'-jer

radiotechnik — **radio technician**
rej'-dio tek-
nyszn'

rolnik — **farmer**
far'-mer

pomocnik rolny — **farmhand**
farm'-hend

rachmistrz — **bookkeeper**
buk'-ki-per

rzeźnik — **butcher**
bu'-czer

spawacz — **welder**
łel'-der

stolarz — **cabinet maker**
ke'-by-net mej'-
ker

89

Nazwy zawodów i specjalności

stróż nocny — **night watchman**
najt łocz'-men

ślusarz — **locksmith**
lok'-smys˜

technik — **tv repairman**
telewizyjny *ti-wi re-per'-men*

tłumacz — **interpreter,
translator**
*yn-ter'-pre-ter,
trans-lej'-tor*

tokarz — **lathe operator**
lejs˜ o'pe-rej-tor

zegarmistrz — **watchmaker**
łocz-mej'-ker

Poszukiwanie pracy – pomoc domowa, gotowanie, opieka nad dziećmi i osobami starszymi (kobiety) Męskie prace domowe, opieka nad domem, posada kierowcy, opieka nad osobami niepełnosprawnymi

W Stanach Zjednoczonych stosunkowo najłatwiej jest znaleźć pracę w domach prywatnych, zwłaszcza tych średniozamożnych. Pracę uzyskać można z polecenia sąsiadów czy znajomych, z ogłoszenia w prasie, poprzez odpowiednią specjalistyczną agencję bądź też poprzez indywidualne poszukiwanie. Najwięcej możliwości uzyskania zatrudnienia mają osoby godzące się na pracę wraz z zamieszkaniem (tzw. live-in), w szczególności kobiety, które potrafią gotować i sprzątać nowoczesny dom. Zazwyczaj jest też znaczne zapotrzebowanie na pary małżeńskie, podejmujące się całości prac domowych, gdzie na mężczyznę przypada wykonywanie cięższych prac fizycznych, różnych napraw, utrzymanie trawnika i ewentualnie ogródka, a także w razie potrzeby funkcja kierowcy.

Znajomość języka, choćby podstawowa, znacznie zwiększa szanse osoby szukającej takiego zatrudnienia.

Szukam pracy kucharki i pomocy domowej. — **I am looking for a job, I can cook and do house-work.**
aj em luk'-yng for a dżob, aj ken kuk end du hałs'-łork

Z zamieszkaniem. — **Live-in.**
lyw'-yn

Dobrze gotuję. — **I am a good cook.**
aj em a gud kuk

Umiem posługiwać się kuchenką — **I can use a microwave oven.**
mikrofalową. *aj ken juz a maj'-kro-łejw a'wen*

Umiem... — **I can...**
aj ken

...obsługiwać pralkę ...**operate the washing machine**
o'-pe-rejt dˇe' łosz'-yng ma-szin'

...prasować ...**iron.**
ajˇ-ron

...odkurzać. — **I can run a vacuum cleaner.**
aj ken ran a wa'-kium kli'-ner

Mogę opiekować się dziećmi. — **I can take care of children.**
aj ken tejk kejr ow czyld'-ren

Ile lat mają dzieci? — **How old are the children?**
hał old ar dˇe' czyld'-ren

Bardzo lubię dzieci. — **I am fond of children.**
aj em fond ow czyld'-ren

Mam doświadczenie w opiece nad — **I have experience looking after**
starszymi osobami. **elderly people.**
aj hew eks-pir'-jens luk'-yng af'-ter
el'-der-ly pi'-pel

Szukamy pracy z zamieszkaniem. — **We are looking for a live-in**
position.
łi ar luk'-yng for a lyw-yn
po-zy'-szen

Mój mąż może wykonywać prace — **My husband can take care of the**
domowe i opiekować się ogrodem. **house and garden.**
maj haz'-bend ken tejk kejr ow
dˇe' hałs end gar'-den

On ma amerykańskie prawo jazdy. — **He has got an American driver's**
license.
hi haz got en a-me'-ry-ken
draj'-werz laj'-sens

Ja też umiem prowadzić samochód. — **I can also drive the car.**
aj ken ol'-so drajw dˇe kar

Poszukiwanie pracy

Mam doświadczenie w opiece nad — **I am experienced in taking care**
osobami niesprawnymi.   **of disabled persons.**
                                      aj em eks-pir'-jenst yn tejk'-yng
                                      kejr ow dyz-ej'-bold per'-sons

Jestem silny (silna). — **I am pretty strong.**
                        aj em pry'-ty strong

Jestem pewien (pewna), że mogę — **I am sure I can manage it.**
sobie z tym poradzić.   *aj em siur aj ken me'-nydż yt*

Skróty w ogłoszeniach o mieszkaniach

SKRÓT	ZNACZENIE W JĘZ. ANGIELSKIM	ZNACZENIE W JĘZ. POLSKIM
air cond, air, ac	air conditioning *ejr-kondy'-szo-nyng*	klimatyzacja
adlts	adults *a-dult's*	osoby dorosłe
aft	after *af'-ter*	po
appli	appliances *a-pla'-jen-sys*	sprzęt gospodarstwa domowego
apt	apartment *a-pa'rt-ment*	mieszkanie
apts	apartments *a-pa'rt-ments*	mieszkania
avail	available *a-wej'-le-bel*	dostępny
ba	bathroom *ba's~-rum*	łazienka
balc	balcony *ba'l-ko-ny*	balkon
bd, bdrm	bedroom *bed'-rum*	sypialnia
bef	before *be'-for*	przed
brk	brick *bryk*	z cegły

Skróty w ogłoszeniach o mieszkaniach

bsmt	basement *bejs'-ment*	piwnica
btwn	between *bet-tin'*	między
by appt only	by appointment only *baj a-poj'nt-ment on'-ly*	tylko po umówieniu się przez telefon
ckg prvs	cooking privileges *ku'-king pry'-wy-le-dżys*	możliwość korzystania z kuchni
cln	clean *klin*	czysty
cpl, cple	couple *kapl*	małżeństwo
cptd, crptg	carpeted, carpeting *kar'-pe-ted, kar'-pe-tyng*	z wykładziną dywanową
elec	electricity *e-lek-try'-sy-ty*	elektryczność
elev, elv	elevator *e-le-wej'-tor*	winda
even, eves	evenings *iw'-nings*	wieczorem
excell	excellent *eks'-se-lent*	wspaniały
flr	floor* *flor*	podłoga, piętro
furn, furn'd	furnished *fer'-nyszd*	umeblowanie
gar	garage *ga'-raż*	garaż
gd neighd	good neighborhood *gud nej'-ber-hud*	dobra dzielnica
hs, hse	house *hats*	dom (wolnostojący)
ht, htng	heat, heating *hit, hi'-tyng*	ogrzewanie
htrs	heaters *hi'-ters*	grzejniki
immed occup	immediate occupancy *y-mid'-jet o'-kju-pen-sy*	od zaraz

Skróty w ogłoszeniach o mieszkaniach

incld	**included** *yn-klu'-det*	zawarty w cenie
info	**information** *yn-for-mej'-szyn*	informacja
kit, kitch	**kitchen** *kyt'-szen*	kuchnia
kits	**kitchens** *kyt'-szens*	kuchnie
laun fac (facils)	**laundry facilities** *lon'-dry fa-sy'-ly-tyz*	możliwość korzyst. z pralni
lge, lrge	**large** *lardż*	duży, duże
loc	**location** *loł-kej'-szyn*	położenie, lokalizacja
maint svc	**maintenance service** *mejn'-te-nens ser'-wys*	konserwacja na miejscu
mat	**mature** *ma-tiu'r*	dojrzały
mld age	**middle aged** *mydl'-ejdż*	w średnim wieku
mo, mon	**monthly** *man'-s~ly*	miesięcznie
mos	**months** *mans~*	miesiące
mod	**modern** *mo'-dern*	nowoczesny
nd	**need** *nid*	potrzebuję
nds	**needs** *nids*	potrzebuje
neg	**negotiable** *ne-goł'-szebl*	do uzgodnienia
nr	**near** *nir*	obok
pd	**paid** *pejd*	zapłacone, opłata
prfrd, prf'd	**preferred** *pre-fe'rd*	preferowany, pożądany

Skróty w ogłoszeniach o mieszkaniach

prkng	**parking** *par'-kyng*	możliwość parkowania
pvt	**private** *praj'-wyt*	niekrępujący
pvt ent	**private entrance** *praj'-wyt en'-trans*	oddzielne wejście
refrig	**refrigerator** *re-fry'-dże-rej-ter*	lodówka
ref's	**references** *re'-fe-ren-sys*	referencje
req	**required** *re-kłajrd*	wymagane
rm, rms	**room, rooms** *rum (s)*	pokój, pokoje
rmate	**roommate** *rum'-mejt*	współlokator
sec dep	**security deposit** *se-kju'-ry-ty de-po'-zyt*	kaucja
sep	**separate** *se'-pe-ret*	oddzielny, osobny
sgl	**single, single person** *syngl, s. per'-syn*	osoba stanu wolnego
shpng	**shopping** *szo'-pyng*	sklepy
slpng rms	**sleeping rooms** *sli'-pyng rums*	sypialnie
sm	**small** *smol*	mały, małe
so	**south** *sals~*	południe, płd. strona
spac	**spacious** *spej'-szyz*	obszerny, przestronny
sq ft	**square feet** *skłer fit*	stopa kwadratowa
sr cit	**senior citizen** *si'-nior sy'-ty-zyn*	osoba w podeszłym wieku
unfurn	**unfurnished** *an-fer'-nyszt*	nieumeblowany

95

Skróty w ogłoszeniach o mieszkaniach

utils	utilities *ju-ty'-ly-tys*	wygody płatne: gaz, prąd, woda
w, w. w/	**with** *łys~*	z
wash	**washer** *ło'-szer*	pralka
w/bath	**with bath** *łys~ bas~*	z łazienką
wk, wks	**week, weeks** *łik, łiks*	tydzień, tygodnie
wkly	**weekly** *łik-ly*	tygodniowo
wrkg, wrkng	**working** *łer'-kyng*	posiadający stałą pracę
w/w crptg	**wall to wall carpeting** *łol tu łol kar'-pe-tyng*	wykładzina dywanowa na całej pow. podłóg
yr, yrs	**year, years** *jir, jirs*	rok, lata
yrly	**yearly** *jir-ly*	rocznie

Wynajmowanie mieszkania

Przyjezdni z Polski, słabo znający język, najczęściej podnajmują pokój we wspólnym mieszkaniu u kogoś z rodaków. Zdarza się jednak, że wolą wynająć pokój bądź mieszkanie u Amerykanów i w tym przypadku powinni, choćby najogólniej, znać miejscowe zasady wynajmu mieszkań.

Cena mieszkania w Stanach Zjednoczonych uzależniona jest z reguły od dzielnicy, od tego, czy jest to dzielnica prestiżowa, czy podupadła, bliska czy odległa od centrum, bezpieczna, czy mniej bezpieczna, zamieszkała głównie przez ludność białą, czy kolorową. Rodzice z dziećmi zwracają uwagę, czy są w pobliżu dobre szkoły, dojeżdżający do pracy uwzględniają czas i koszt dojazdu.

W Stanach Zjednoczonych wielkość mieszkania lub domu liczy się według ilości sypialni, a nie według ilości pokoi. Np. one bedroom apartment (mieszkanie z jedną sypialnią) oznacza mieszkanie dwupokojowe z kuchnią – oprócz sypialni jest w nim także living-room, czyli pokój dzienny. Mieszkanie typu "kawalerka" nazywa się "studio" i bywa jednym pokojem spełniającym funkcje zarówno pokoju dziennego jak i sypialni z niewielką kuchenką i łazienką.

W przypadkach mieszkań w blokach należy pamiętać, że w Ameryce inaczej liczy się piętra. Polski parter w Ameryce oznaczany jest jako 1 floor (pierwsze piętro) polskie 1 piętro jest tu 2 piętrem itd. - to znaczy, że amerykańskie piętra oznaczone są zawsze numerem o 1 wyższym, niż odpowiednie piętra w Polsce.

Przy zawieraniu umowy należy zwrócić uwagę na to, czy czynsz obejmuje również świadczenia takie, jak gaz, woda, ogrzewanie i energia elektryczna, czy też samemu trzeba będzie opłacać rachunki za te świadczenia.

Ważną sprawą jest też kwestia tzw. depozytu. W Stanach Zjednoczonych w większości przypadków przy podpisaniu umowy o wynajem mieszkania konieczne jest wpłacenie pewnej sumy pieniędzy, która pobierana jest jako zwrotny depozyt, stanowiący gwarancję, że wynajęte mieszkanie lub dom będzie pozostawione w możliwie najlepszym stanie, kiedy lokator się wyprowadzi. Depozyt przeznaczony jest na koszty ewentualnych napraw, wynikłych z winy lokatora. Przy wyprowadzeniu się, o ile nie było żadnych zawinionych przez lokatora uszkodzeń, depozyt jest zwracany - często z odpowiednim procentem, co bywa zaznaczane w umowach o najem.

Poszukuję mieszkania dla rodziny czteroosobowej. — **I need an apartment for a family of four.**
aj nid en a-part'-ment for ej fe'-my-ly ow for

Czy jest ono umeblowane? — **Is it furnished?**
yz yt fer'-nyszd

Ile wynosi czynsz? — **How much is the rent?**
hał macz yz d˜e rent

Czy jest pralnia w tym budynku? — **Is there a laundry room in the building?**
yz d˜er ej lond'-ry rum yn d˜e byl'-dyng

Wynajmowanie mieszkania

Gdzie jest biuro zarządcy? — **Where is the manager's office, please?**
* łer yz d˜e me'-ne-dżers o'-fys, pliz*

Czy świadczenia są wliczone w czynsz? — **Are the utilities included in the rent?**
ar d˜e ju-ty'-ly-tys yn-klu'-ded yn d˜e rent

Ile jest tu sypialni? — **How many bedrooms are there?**
hał me'-ny bed'-rums ar d˜er

Ile jest łazienek? — **How many bathrooms are there?**
hał me'-ny bat˜rums ar d˜er

Czy jest nie daleko szkoła? — **Is it near a school?**
yz yt nir ej skul

Czy to jest niedaleko linii autobusowej? — **Is it near a bus line?**
yz yt nir ej bas lajn

Czy jest (centralna) klimatyzacja? — **Is there central airconditioning?**
yz d˜er sen'-trol ejr'-kon-dy'-szo-nyng

Czy to jest blisko centrum handlowego? — **Is it near a shopping center?**
yz yt nir ej szo'-pyng sen'-ter

Chciałbym pokazać tę umowę koledze przed podpisaniem jej. Czy będzie to możliwe? — **I would like to show the lease to a friend before signing it. Will that be all right?**
aj łud lajk tu szoł d˜e lis tu ej frend bi-for' saj'-nyng yt. tyl d˜at bi ol rajt

Czy będę musiał wpłacić depozyt? — **Do I have to make a deposit?**
du aj hew tu mejk ej de-po'-zyt

Czy lokatorzy mają prawo do zarezerwowanego parkingu? — **Is there reserved parking for tenants?**
ys d˜er re-zerwd' par'-kyng for ten'-ents

Chciałbym zobaczyć się z zarządcą. — **I would like to see the manager, please.**
aj łud lajk tu si d˜e me'-ne-dżer, pliz

Czy jest bezpłatny parking? — **Is there free parking?**
yz d˜er fri park'-yng

Chciałbym złożyć zażalenie. — **I have a complaint to make.**
aj hew ej kom-plejnt tu mejk

Wynajmowanie mieszkania – niektóre wyrazy pożyteczne przy rozmowach o wynajęciu mieszkania.

dom — **house**
hałz

kominek — **fireplace**
fajr'-plejs

mieszkanie — **apartment/flat**
a-part'-ment/flet

piętro — **floor**
flor

pokój — **room**
rum

podłoga — **floor**
flor

wejście — **entrance**
en'-trens

drzwi — **door**
dor

hol, przedsionek — **hall**
hol

okno — **window**
łyn'-doł

pokój dzienny — **living room**
ly'-wyng rum

klatka schodowa — **stairway**
ster'-łej

sypialnia — **bedroom**
bed'-rum

żaluzja — **venetian blind**
we-ni'-szyn blajnd

jadalnia — **dining room**
daj'-nyng rum

okiennica — **window shade**
łyn'-doł szejd

kuchnia — **kitchen**
ky'-czen

grzejnik, kaloryfer — **radiator**
re'-dje-tor

łazienka — **bathroom**
bet˜-rum

piec — **furnace**
fer'-nes

pokój do gier i zabaw — **recreation room**
ri-kri-ej'-szyn rum

boiler, grzejnik wodny — **water heater**
ło'-ter hi'-ter

Szkoła amerykańska, zapisywanie dzieci

Czy są dobre szkoły w tej dzielnicy [miejscowości]? — **Are there good schools in this area?**
ar d˘er gud skuls yn d˘ys er'-ja

Jakie są szkoły i przedszkola? — **What schools are they?**
łat skuls ar d˘ej

* Na ulicy ... jest ... — **On ... street there is ...**
on ... strit d˘er yz...

...szkoła podstawowa — **...an elementary school.**
en e-le-men'-te-ry skul

...szkoła podstawowa i średnia — **...a junior high/intermediate school.**
ej dziun'-jor haj/yn-ter-mi'-djet skul

...liceum — **...a high school.**
ej haj skul

...przedszkole — **...a kindergarten.**
ej kyn'-der-gar-ten

...żłobek — **...a nursery school.**
ej ner'-se-ry skul

...szkoła parafialna — **...a parochial school.**
ej pa-rok'-jol skul

Czy to jest szkoła publiczna? — **Is it a public school?**
yz yt ej pab'-łyk skul

Czy jest bezpłatna? — **Is it free of charge?**
yz yt fri ow czardż

* Tak, to jest bezpłatna szkoła publiczna. — **Yes, this is a free public school.**
jes, d˘ys yz ej fri pab'-łyk skul

* Nie, to jest szkoła prywatna, płatna. — **No, this is a private school and you pay tuition.**
noł, d˘ys yz ej praj'-wet skul end ju pej tu-y'-szen

* To jest szkoła parafialna, bezpłatna. — **This is a parochial school, and you pay no tuition.**
d˘ys yz ej pa-rok'-jol skul, end ju pej noł tu-y'-szen

Szkoła amerykańska, zapisywanie dzieci

Chciałbym się widzieć — **I would like to see the principal,**
z kierownikiem. **please.**
aj łud lajk tu si d˜e pryn'-cypl, pliz

Zależy mi na tym, aby moje dzieci — **I am anxious for my children to**
rozpoczęły na nowo naukę jak **resume their schooling.**
najprędzej. *aj em enk'-szuz for maj czyld'-ren
tu re-zum' d˜ejr sku'-lyng*

Chciałbym zapisać je do szkoły. — **I would like to enroll them in a
school.**
*aj łud lajk tu en-roul' d˜em yn ej
skul*

Chciałbym zapisać mojego syna. — **I would like to register my son.**
aj łud lajk tu re'-dżys-ter maj san

Czy muszę płacić czesne? — **Do I have to pay for the tuition?**
du aj hew tu pej for d˜e tu-y'-szen

On uczęszczał do szkoły w ... — **He has attended school in ...**
hi hez a-ten'-ded skul yn...

On ma za sobą ... lat szkoły. — **He has had ... years of school.**
hi hez hed... jirs ow skul

To jest jego świadectwo. — **This is his school transcript.**
d˜ys yz hyz skul tren'-skrypt

W której klasie on będzie? — **What grade will he be in?**
łat grejd łyl hi bi yn

On potrzebuje większej pomocy — **He needs more tutoring in**
nauczycielskiej w angielskim. **English.**
*hi nids mor tu'-to-ryng yn
yng'-lysz*

Chciałbym zapoznać się z jego — **I would like to meet his teacher.**
nauczycielem. *aj łud lajk tu mit hys ti'-czer*

Paweł był bardzo dobry — **Paweł was very good in math.**
w matematyce. *paweł łoz we-ry gud in mes˜*

Trochę czasu minie zanim się całkiem — **It will be some time before he is**
dostosuje. **fully adjusted.**
*yt łyl bi sam tajm bi-for' hi yz
fu'-ly e-dżas'-ted*

Szkoła amerykańska, zapisywanie dzieci

Czy są autobusy szkolne? — **Are there school buses?**
ar dˇer skul ba'-sys

Gdzie on powinien czekać na autobus? — **Where should he wait for the bus?**
łer szud hi łejt for dˇe bas

O której godzinie powinien tam być? — **What time should he be there?**
łat tajm szud hi bi dˇer

Co z przyborami szkolnymi? Czy szkoła je zapewnia? — **What about school supplies? Does the school provide them?**
łat e-bałt' skul sap-lajs'?
daz dˇe skul pro-wajd' dˇem?

Jakie przybory szkolne powinnam mu kupić? — **What supplies should I buy for him?**
łat sap-lajs' szud aj baj for hym

Czy on ma przynosić do szkoły drugie śniadanie? — **Should he bring his lunch to school?**
szud hi bryng hys lancz tu skul

Czy on musi płacić za drugie śniadanie w szkole? — **Does he have to pay for his lunch at school?**
daz hi hew tu pej for hyz lancz et skul

Paweł był nieobecny wczoraj, bo był chory. — **Paweł was absent yesterday because he was sick.**
paweł łoz e'-bsent jes'-ter-dej bi-koz' hi łoz syk

Czy szkoła mu pomoże specjalnie [dodatkowo] w nauce angielskiego? — **Can the school give him extra help in English?**
ken dˇe skul gyw hym eks'-tra help yn yng-lysz

Nie mogę mu pomóc w zadaniach domowych. — **I cannot help him with his homework assignments.**
aj ke'-not help hym łytˇ hyz hołm łerk a-sajn'-ments

Chciałbym się dowiedzieć, jak moje dzieci dają sobie radę w szkole. — **I would like to know how my children are doing in school.**
aj łud lajk tu noł hał maj czyl'-dren ar du'-yng yn skul

Szkoła amerykańska, zapisywanie dzieci

Moje dzieci powinny uczyć się angielskiego. Czy może pan polecić podręcznik? — **My children need to learn English. Can you recommend a textbook?** *maj czyl'-dren nid tu lern yng'-lysz. ken ju re-ko-mend' ej tekst'-buk*

Chciałbym intensywniej uczyć się angielskiego. Czy możesz mi pomóc? — **I would like to learn English more intensively. Can you help me?** *aj łud lajk tu lern yng-lysz mor yn-ten'-syw-ly. ken ju help mi?*

Chciałbym wiedzieć więcej o systemie szkolnym w U.S.A. — **I would like to know more about the school system in the U.S.A.** *aj łud lajk tu noł mor e-bałt' d~e skul sys'-tem yn d~e ju-es-ej*

Czy może mi pan pomóc? — **Can you help me?** *ken ju help mi*

Będę bardzo wdzięczny za jakąkolwiek pomoc, jakiej może pan udzielić moim dzieciom w szkole. — **I will appreciate any help you can give my children in school.** *aj łyl a-pri'-siejt e'-ny help ju ken giw maj czyl'-dren yn skul*

Pożyteczne wyrazy dotyczące szkoły i organizacji pracy w szkole

rejon szkolny — **school district** *skul dys'-trykt*

Stowarzyszenie Nauczycieli i Rodziców — **PTA** *pi-ti-ej*

zebranie SNR — **PTA meeting** *pi-ti-ej mi'-tyng*

przedmiot — **subject** *sab'-dżekt*

egzamin — **test/examination** *test/eg-za-my-nej'-szyn*

okres, semestr — **semester** *se-mes'-ter*

okres — **school term** *skul term*

zawiadomienie — **notice** *noł'-tys*

karta ocen — **report card** *re'-port kard*

ocena, stopień, klasa — **grade** *grejd*

szósta klasa — **6th grade** *syks~ grejd*

Pożyteczne wyrazy dotyczące szkoły i organizacji pracy w szkole

lekcja — **class**
kles

obecność — **attendance**
a-ten'-dens

zakres materiału — **curriculum**
ku-ry'-kiu-lum

kurs — **course**
kors

zaliczenie — **credit**
kre'-dyt

promocja — **graduation**
gra-diu-ej'-szyn

ośrodek opieki — **day care center**
całodziennej *dej ker sen'-ter*

biblioteka — **library**
laj'-bre-ry

biuro dyrektora — **principal's office**
*pryn'-sy-pols
o'-fys*

biuro rejestratora — **registrar's office**
*re-dżys-trars
o'-fys*

torba — **lunch box**
śniadaniowa *lancz boks*

linijka — **ruler**
ru'-ler

kolorowe ołówki — **colored pencils**
ka'-lerd pen'-syls

kredki — **colored crayons**
ka'-lerd kre'-jons

kreda — **chalk**
czok

atrament — **ink**
ynk

pióro — **pen**
pen

ołówek — **pencil**
pen'-syl

gumka — **eraser**
i-rej'-ser

papier — **paper**
pej'-per

książka — **book**
buk

zeszyt — **notebook**
nołt'-buk

podręcznik — **textbook**
tekst'-buk

tornister — **bookbag**
buk'-beg

kierownik — **principal**
pryn'-cy-pol

nauczyciel — **teacher**
ti'-czer

uczeń — **student**
stu'-dent

kolega z klasy — **classmate**
kles'-mejt

kolega — **friend**
frend

klasa — **classroom**
kles'-rum

laboratorium — **laboratory**
le'-bo-ra-to-ry

stołówka — **cafeteria**
ka-fe-tyr'-ja

wakacje — **holiday**
ho'-ly-dej

ferie,przerwa — **recess**
ri'-ses

przerwa — **lunch recess**
śniadaniowa *lancz ri'-ses*

rozkład lekcji — **schedule of classes**
*ske'-diul ow kle'-
sys*

podwórze, — **playground**
boisko *plej'-graund*

wakacje letnie — **summer vacation**
*sa'-mer we-kej'-
szyn*

Gospodarstwo domowe – przedmioty w kuchni

garnki — **pots**
poc

patelnie, rondle — **pans**
pens

patelnia — **frying pan**
fra'-jyng pen

rondel — **saucepan**
sos'-pen

czajnik — **kettle**
ketl

imbryk do kawy — **coffee pot**
ko'-fi-pot

imbryk do — **teapot**
herbaty   *ti'-pot*

ścierka do — **dishtowel,**
naczyń   **kitchen towel**
dysz ta'-łel, ky'-czen ta'-łel

otwieracz do — **can opener**
puszek   *ken oł'-pe-ner*

otwieracz do — **bottle opener**
butelek   *botl oł'-pe-ner*

korkociąg — **corkscrew**
kork'-skru

sztućce, srebra — **silverware**
syl'-wer-łer

widelec — **fork**
fork

łyżka — **spoon**
spun

nóż — **knife**
najf

naczynia — **dishes**
dy'-szyz

talerz — **plate**
plejt

kubek, filiżanka — **cup**
kap

kubek — **mug**
mag

podstawka — **saucer**
so'-ser

miska — **bowl**
boul

szklanka — **glass**
gles

taca — **tray**
trej

solniczka — **salt and pepper**
i pieprzniczka   **shakers**
solt end pe'-per szej'-kers

kosz do śmieci — **wastebasket**
łejst'-bes-ket

miotełka — **brush**
brasz

ścierka do kurzu — **dust cloth**
dast clos~

pojemnik na — **garbage can**
śmieci   *gar'-bedż ken*

maszyna do prze- — **garbage**
miału odpadków,   **disposal**
wbudowana   *gar'-bedż dys-*
w zlewozmywak *poł'-zol*

spiżarnia — **pantry**
pen'-try

piec kuchenny — **stowe**
souw

Gospodarstwo domowe – przedmioty w kuchni

piekarnik — **oven**
a'-wen

lodówka — **refrigerator**
re-fry'-dże-rej-tor

zlewozmywak — **kitchen sink**
ky'-czyn synk

szafka kuchenna — **kitchen cabinet**
ky'-czyn ke'-by-net

automat do zmy- — **dishwasher**
wania naczyń *dysz'-ło-szer*

wodomierz — **water meter**
ło'-ter mi'-ter

gazomierz — **gas meter**
ges mi'-ter

licznik — **electric meter**
elektryczny *e-lek'-tryk mi'-ter*

szafka z — **fuse box**
bezpiecznikami *fjuz boks*

Gospodarstwo domowe – łazienka

łazienka — **bathroom**
bes~'-rum

lustro — **mirror**
my'-ror

szafka na — **medicine cabinet**
kosmetyki *me'-dy-syn ke'-by-net*

wanna — **bathtub**
bes~'-tab

umywalka — **washbowl**
łosz'-boul

sedes — **toilet seat**
toj'-let sit

ustęp — **toilet bowl**
toj'-let boul

prysznic — **shower**
sza'-łer

kran — **faucet**
fo'-set

mydło — **soap**
sołp

szampon — **shampoo**
szem-pu'

płyn do kąpieli — **bath oil**
bes~'-oil

krem tłusty — **cold cream**
kold krim

krem odżywczy — **moisturizer**
moj'-stiu-raj-zer

pasta do zębów — **toothpaste**
tut~'-pejst

szczotka do — **toothbrush**
zębów *tut~'-brasz*

grzebień — **comb**
koumb

szczotka do — **hairbrush**
włosów *heir'-brasz*

ręcznik — **bath towel**
kąpielowy *bes~'-ta-łel*

ręcznik do — **face cloth**
twarzy *fejs klos~*

Pomieszczenie gospodarcze lub piwnica

piec centralnego — **furnace**
ogrzewania   *fer'-nes*

ogrzewacz wody — **water boiler**
(boiler)   *ło'-ter boj'-ler*

pralka — **washing machine/**
mechaniczna   **clothes washer**
   ło'-szyng ma'-szin/
   klous~ ło'-szer

suszarka — **dryer**
   dra'-jer

zlew do prania — **laundry tub**
   lon'-dry tab

odkurzacz — **vacuum cleaner**
   we'-kium kli'-ner

miotła — **broom**
   brum

śmietniczka — **dustpan**
   dast'-pen

miotła do zmy- — **mop**
wania podłogi   *mop*

detergent — **detergent**
   di-ter'-dżent

środek do — **disinfectant**
dezynfekcji   *dyz'-yn-fek-tent*

Naprawy domowe

To nie działa. —**It doesn't work.**
   yt daznt łerk

To nie daje się uruchomić — **It does not start.**
   yt daznt start

* Czy wtyczka jest dobrze włączona — **Is the plug properly in the**
do kontaktu?   **socket?**
   yz d~e plag pro'-per-ly yn d~e
   so'-ket

* Czy jest prąd w kontakcie? — **Is the current getting through to**
   the socket?
   yz d~e kar'-ent get'-yng t~ru tu
   d~e so'-ket

Jest, sprawdzałem. — **Yes, I checked that.**
   jes, aj czekd d~at

Trzeba wezwać kogoś do naprawy. — **You had better call someone to**
   fix it.
   ju hed be'-ter kol sam'-łan tu fyks yt

To się zepsuło. — **It broke down.**
   yt brołk dałn

Naprawy domowe

To jest zepsute. — **It's broken.**
yts broł'-ken

Czy możesz to naprawić? — **Can you fix it?**
ken ju fyks yt

Czy coś trzeba wymienić? — **Does something need to be replaced?**
daz sam'-t~yng nid tu bi re-plejst'

Ile będzie kosztować naprawienie tego? — **How much would it cost to fix it?**
hał macz łud yt kost tu fyks yt

Czy to pokrywa koszt części i naprawy? — **Does that cover both parts and labor?**
daz d~at ka'-wer bos~ parts end lej'-bor

Myślę, że potrafię to sam naprawić. — **I think I can fix this myself.**
aj t~ynk aj ken fyks d~ys maj-self'

Czy można to kupić w sklepie z wyrobami metalowymi [narzędziami]? — **Would a hardware store have it?**
łud ej hard'-łer stor hew yt

Czy jest sklep z wyrobami metalowymi w okolicy? — **Is there a hardware store nearby?**
yz d~er ej hard'-łer stor nir'-baj

Chciałbym kupić młotek i trochę gwoździ. — **I want to get a hammer and some nails.**
aj łont tu get ej he'-mer end sam nejls

Przepraszam, gdzie mogę znaleźć odpowiednik tego? (Pokazując sprzedawcy zużytą część) — **Excuse me.Where can I get a replacement for this? (Showing the hardware store clerk a worn out part)**
eks-kjuz' mi, łer ken aj get ej ri-plejs'-ment for d~ys

Chciałbym to zwrócić. To ma zły wymiar. — **I would like to return this. It is the wrong size.**
aj łud lajk tu re-tern' d~ys yt yz d~e rong sajz

Naprawy domowe

Chciałbym to zamienić na inne. To ma — **I would like to exchange this for**
zły wymiar. Jest za małe/duże. **another one, please.This is the**
wrong size. It is too small/big.
aj lud lajk tu eks-czejndż' d˜ys for
e-na'-d˜er łan, pliz. d˜ys yz d˜e
rong sajz. yt yz tu smol/byg

Podstawowe narzędzia domowe

młotek — **hammer**
he'-mer

kombinerki — **pair of pliers**
peir ow pla'-jers

śrubokręt — **screwdriver**
skru'-draj-wer

piła — **saw**
soo

dłuto — **chisel**
czy'-zel

wiertarka — **drill**
dryl

klucz do — **wrench**
nakrętek *rencz*

pędzel — **paintbrush**
pejnt'-brasz

piłka do metalu — **metal saw**
me'-tol soo

pilnik — **file**
fajl

imadło — **clamp**
klemp

szlifierka — **polisher**
po'-ly-szer

papier ścierny — **sand paper**
send pej'-per

śruby — **screws**
skrus

gwoździe — **nails**
nejls

klej — **glue**
glu

farba — **paint**
pejnt

szczeliwo — **caulking**
ko'-kyng

taśma miernicza — **measuring tape**
me'-ziu-ryng tejp

ołówek do — **marker**
znakowania *mar'-ker*

Użyteczne przedmioty

żarówka — **light bulb**
    lajt balb

bezpiecznik — **fuse**
    fjuz

przedłużacz — **extension cord**
    eks-ten'-szyn
    kord

latarka — **flashlight**
elektryczna   *flesz'-lajt*

baterie — **batteries**
    be'-te-rys

kłódka — **padlock**
    ped'-lok

zamek — **lock**
    lok

taśma izolacyjna — **insulating tape**
    yn'-su-lej-tyng
    tejp

klucze — **keys**
    kiiz

olej maszynowy — **machine oil**
    ma-szin' ojl

smar stały — **grease**
    gris

rozpuszczalnik — **thinner**
    t~y'-ner

terpentyna — **turpentine**
    ter'-pen-tajn

PODSTAWOWE PRODUKTY

mąka pszenna — **wheat flour**
lit fla'-ur

mąka kukurydziana — **corn flour**
korn fla'-ur

mąka żytnia — **rye flour**
raj fla'-ur

makaron — **macaroni/pasta**
ma-ka-roł-ni/pas'-ta

ryż — **rice**
rajs

ziemniaki — **potatoes**
po-tej'-tos

mięso... — **meat**
mit

...baranie — **lamb**
lem

...cielęce — **veal**
wil

...wieprzowe — **pork**
pork

...wołowe — **beef**
bif

ryby... — **fish**
fysz

...morskie — **saltwater**
solt'-ło-ter

...słodkowodne — **fresh water**
fresz ło'-ter

drób — **poultry**
polę-try

kurczak — **chicken**
czy'-ken

kaczka — **duck**
dak

indyk — **turkey**
ter'-ki

bażant — **pheasant**
fe'-zent

olej jadalny — **cooking oil**
ku'-kyng ojl

oliwa — **olive**
o'-lyw

margaryna — **margarine**
mar'-dże-ryn

masło — **butter**
ba'-ter

smalec — **shortening**
szor'-tenyng

słonina — **salt bacon**
solt bej'-ken

bekon — **bacon**
bej'-ken

szynka — **ham**
hem

Gotowanie potraw w domu

PRZETWORY
ZBOŻOWE
I ORZECHY

chleb... — **bread**
bred

...biały ...**white**
łajt

...ciemny ...**dark**
dark

...pszenny ...**wheat**
łit

...żytni ...**rye**
raj

...polski ...**Polish style-**
dark European
poł'-lysz stajl-
dark ju-ro-pi'-jen

...pumpernikiel ...**pumpernickel**
pam'-per-ny-kel

...śródziemno- ...**pitta**
morski *pi-ta*

bułki — **rolls**
rols

bułki francuskie — **French rolls**
frencz rols

rogaliki — **croissants**
krła'-sants

obwarzanki — **bagels**
bej'-gels

ciasta — **cakes**
kejks

makowiec — **poppy seed cake**
po'-py sid kejk

sernik — **cheesecake**
cziz kejk

z wiśniami — **cherry cake**
cze'-ry kejk

szarlotka — **apple cake**
epl kejk

kruche — **crumb apple cake**
kram epl kejk

herbatniki — **tea biscuits**
ti bys'-kyts

krakersy — **crakers**
kre'-kers

płatki owsiane — **oat meal**
ołt'-mil

płatki — **corn flakes**
kukurydziane *korn flejks*

płatki — **morning cereal**
śniadaniowe *mor'-nyng si'-rjal*

kluski — **noodles**
nudls

pyzy — **dumpling**
damp'-lyng

makaron — **pasta**
domowy *pas'-ta*

placki — **blintzes**
blyn'-cyz

naleśniki — **pancakes**
pen'-kejks

orzechy... ...**nuts**
nats

...laskowe ...**hazelnuts**
hej'-zyl-nats

...włoskie ...**walnuts**
łol'-nats

...ziemne ...**peanuts**
pi'-nats

NABIAŁ

mleko — **milk**
mylk

mleko chude — **skimmed milk**
skymd mylk

mleko pół na pół — **half and half**
ze śmietanką   *hef end hef*

śmietanka — **cream**
krim

kwaśna śmietana — **sour cream**
sa'-ler krim

maślanka — **buttermilk**
ba'-ter-mylk

jogurt — **yogurt**
jo'-gurt

jogurt owocowy — **fruit yogurt**
frut jo'-gurt

masło — **butter**
ba'-ter

masło solone — **salted butter**
sol'-ted ba'-ter

ser — **cheese**
cziz

ser biały — **cottage cheese**
gruboziarnisty **large curd**
ko'-tedż cziz
lardż kerd

ser biały — **cottage cheese**
drobnoziarnisty **small curd**
ko'-tedż cziz smol
kerd

ser szwajcarski — **Swiss cheese**
słys cziz

ser holenderski — **Dutch cheese**
dacz cziz

ser ziołowy — **herb cheese**
erb cziz

jajko — **egg**
eg

PRZYPRAWY, KORZENIE, DODATKI

cebula — **onion**
a'-njon

czosnek — **garlic**
gar'-lyk

imbir — **ginger**
dżyn'-dżer

koperek — **dill**
dyl

kminek — **caraway**
ke'-re-łej

papryka — **red pepper**
red pe'-per

pieprz... — **pepper**
pe'-per

...biały   ...**white**
łajt

...czarny   ...**black**
blek

...ziołowy   ...**herb**
erb

pietruszka — **parsley**
pars'-lej

keczup — **ketchup**
ke'-czap

majonez — **mayonnaise**
me'-jo-nejz

Gotowanie potraw w domu

musztarda — **mustard**
mas'-terd

sos sojowy — **soya sauce**
so'-ja sos

cynamon — **cinnamon**
sy'-na-mon

cukier prażony — **brown sugar**
braln siu'-ger

mak — **poppy seed**
po'-pi sid

rodzynki — **raisins**
rej'-zyns

JARZYNY

bakłażan — **eggplant**
eg'-plent

bób — **lima beans**
laj'-ma bins

brokuły — **broccoli**
bro'-ko-li

buraki — **beets**
bits

dynia — **pumpkin**
pamp'-kyn

fasola — **beans**
bins

fasolka — **string beans**
szparagowa   *stryng bins*

groszek — **peas**
pis

grzyby — **mushrooms**
masz'-rums

kalafior — **cauliflower**
ko'-li-fla-ler

kapusta — **cabbage**
ke'-bydż

kapusta kiszona — **sauerkraut**
sa'-ler-kraut

kartofle — **potatoes**
(ziemniaki)   *po-tej'-tos*

kukurydza — **corn**
korn

marchew — **carrots**
ke'-rots

ogórek — **cucumber**
kju'-kam-ber

papryka zielona — **green pepper**
grin pe'-per

pieczarki — **mushrooms**
masz'-rums

pomidor — **tomato**
to-mej'-to

rzodkiewka — **radish**
re'-dysz

sałata — **lettuce**
let'-as

seler — **celery**
se'-le-ry

soja — **soy beans**
soj bins

słodkie kartofle — **sweet potatoes**
słit po-tej'-tos

Gotowanie potraw w domu

OWOCE

ananas — **pineapple**
pajn'-epl

arbuz — **watermelon**
ło-ter' me'-lon

banan — **banana**
ba-na'na

brzoskwinia — **peach**
picz

cytryna — **lemon**
le'-myn

czereśnia — **cherry**
cze'-ry

grejpfrut — **grapefruit**
grejp'-frut

gruszka — **pear**
per

jabłko — **apple**
epl

kantalupa (gatu- — **cantaloupe**
nek melona)   *ken'-ta-lup*

mandarynka — **tangerine**
ten'-dżer-in

melon miodowy — **honeydew melon**
ha'-nej-dju me'-lon

morela — **apricot**
ej'-pry-kot

pomarańcza — **orange**
o'-rendż

śliwka — **plum**
plam

truskawka — **strawberry**
stro'-be-ry

winogrona — **grapes**
grejps

wiśnia — **sour cherry**
sa'-łer cze'-ry

Kłopoty ze zdrowiem

Źle się czuję. — **I am sick.**
aj em syk

Gdzie tu jest apteka? — **Is there a drugstore/pharmacy near here?**
ys d˜er ej drag'-stor/far'-ma-sy nir hir

Czy mogę dostać coś na... — **Can I get something for my...**
ken aj get sam-t˜yng for maj...

...przeziębienie? **...cold**
kold?

...kaszel? **...cough?**
kof

...grypę? **...flu?**
flu

...ból gardła? **...throat pain?**
t˜rołt pejn

...ból żołądka? **...stomach ache?**
sta'-mek ejk

...rozstrój żołądka? **...upset stomach?**
ap'-set sta'-mek

...zaparcie? **...constipation?**
kon-sty-pej'-szyn

...nadkwasotę? **...hyperacidity?**
haj'-per-a-sy'-dy-ty

...bezsenność? **...insomnia?**
yn-som'-nia

Muszę pójść do lekarza. — **I have to go to a doctor.**
aj hew tu goł tu ej dok'-ter

Muszę wezwać lekarza. — **I have to call a doctor.**
aj hew tu kol ej dok'-ter

Muszę iść do szpitala. — **I have to go to the hospital.**
aj hew tu goł tu d˜e hos'-pytl

Czy mógłbym zadzwonić po pogotowie ratunkowe? — **Could you call an ambulance?**
kud ju kol en em'-biu-lens

Czy może pan [pani] pomóc mi wezwać lekarza? — **Could you help me call a doctor?**
kud ju help mi kol ej dok'-ter

Czy możesz mi polecić dobrego niedrogiego lekarza? — **Could you recommend a good, inexpensive doctor?**
kud ju re-ko-mend' ej gud, yn'-eks-pen-syw dok'-ter

Chciałbym rozmawiać z lekarzem, mówiącym po polsku. — **I would like to talk to a doctor who can speak Polish.**
aj łud lajk tu tok tu ej dok'-ter hu ken spik poł'-łysz

Chcę zamówić wizytę u doktora Huxtable. — **I would like to make an appointment to see Dr.Huxtable.**
aj łud lajk tu mejk en a-point'-ment tu si dok'-ter haks'-tebl

Mam bóle w jamie brzusznej. — **I have pain in the abdomen.**
aj hew pejn yn d˜e ab'-doł-men

Wydaje mi się, że zwichnąłem [złamałem] nogę w kostce. — **I have sprained/have broken my ankle.**
aj hew sprejnd/hew broł'-ken maj enkl

Czy ma pan jakieś ubezpieczenie zdrowia? — **Do you have any health insurance?**
du ju hew eny hełt˜ yn-siu'-rens

Tak, mam. — **Yes, I do.**
jes, aj du

Nie, nie mam. — **No, I do not.**
noł, aj du not

* Co panu[pani] dolega? — **What is wrong?**
łat yz rong

Odczuwam ostry ból w tym miejscu. — **I have a sharp pain here.**
aj hew ej szarp pejn hir

Mam zawroty głowy i nudności. — **I feel dizzy and nauseous.**
aj fil dy'-zy end noz'-juz

Mam gorączkę. — **I have fever.**
aj hew fi'-wer

Kłopoty ze zdrowiem

Mam ostry kaszel. — **I have a bad cough.**
aj hew ej bed kof

Jestem mocno przeziębiony. — **I have a bad cold.**
aj hew ej bed kold

Jestem bardzo słaby. — **I am very weak.**
aj em we'-ry łik

Mam dreszcze i pocę się w nocy. — **I have shivers and perspire at night.**
aj hew szy'-wers end per-spajr' et najt

Nie mogę spać. — **I cannot sleep.**
aj ke'-not slip

Zupełnie nie mam apetytu. — **I have completely lost my appetite.**
aj hew kom-plit'-ly lost maj a'-pe-tajt

Zacząłem gwałtownie chudnąć. — **I started losing weight rapidly.**
aj star'-ted lu'-zyng łejt ra'-pyd-ly

* Czy bierze pan jakieś lekarstwa? — **Are you taking any medicines?**
ar ju tej'-kyng e'-ny me'-dy-syns

Biorę... — **I am taking ...**
aj em tej'-kyng...

...aspirynę   ...**aspirin.**
es'-py-ryn

...środki przeciwbólowe   ...**pain killers.**
pejn kyl'-ers

...środki nasenne   ...**sleeping pills.**
sli'-pyng pyls

Nie, nie biorę. — **No, I am not taking anything.**
noł, aj em not tej-kyng e'-ny-t͂yng

Czy to poważne, panie doktorze? — **Is this serious, doctor?**
yz d͂ys si'-rjus, dok'-ter

Czy mam zostać w domu i nie iść do pracy? — **Should I stay home and not go to work?**
szud aj stej hołm end not goł tu łerk

Kłopoty ze zdrowiem

Jak długo mniej więcej będę musiał — **How long will I have to stay in**
leżeć? **bed?**
hał long łyl aj hew tu stej yn bed

Czy muszę być na diecie? — **Do I have to go on a diet?**
du aj hew tu goł on ej da'-jet

Czego nie wolno mi jeść? — **Is there anything I should not
eat?**
yz d~er eny'-t~yng aj szud not it

Czy będę musiał przyjść do pana — **Do I have to come back and see**
doktora jeszcze raz? **you again?**
*du aj hew tu kam bek end si ju e-
gejn'*

* Czy rozumie pan sposób użycia — **Do you understand the**
lekarstwa, wypisany na nalepce? **instructions written on the label
of the medication?**
*du ju an-der-stend' d~e
yn-strak'-szyns ry'-ten on d~e
lej'-bel ow d~e me-dy-kej'-szyn*

Tak, rozumiem. — **Yes, I do.**
jes, aj du

Gdybym nie był pewny, zapytam — **If I am not sure, I'll ask**
kogoś,kto zna angielski. **someone who speaks English.**
*yf aj em not siur, ajl ask
sam'-łan hu spiks yng'-lysz*

Dentystyka: możliwości taniego leczenia

Leczenie zębów jest w Stanach Zjednoczonych dla osób nieubezpie-
czonych czy przyjezdnych stosunkowo bardzo kosztowne. W większych miastach istnieją jednak możliwości bezpłatnego (poza jednora-
zową symboliczną opłatą 5 dolarów) leczenia zębów w klinikach
uniwersyteckich, gdzie zabiegi wykonują studenci pod nadzorem
profesorów - specjalistów.

W Nowym Jorku takie leczenie można uzyskać w klinice uniwersy-
teckiej na rogu I alei i 24 ulicy.

Dentystyka: możliwości taniego leczenia

Czy może mi pan [pani] polecić — **Could you recommend an**
niedrogiego dentystę? **inexpensive dentist?**
kud ju re-ko-mend' en
yn'-eks-pen-syw den'-tyst

Boli mnie ząb. — **I have a toothache.**
aj hew ej tut˜-ejk

Wypadła mi plomba. — **My filling fell out.**
maj fy'-lyng fel ałt

Boli mnie przy gryzieniu. — **It hurts when I bite.**
yt herts łen aj bajt

Mam chyba zapalenie okostnej. — **I think I have an abscess.**
aj t˜ynk aj hew en ab'-ses

* Czy ma pan jakieś ubezpieczenie — **Do you have any medical**
zdrowia? **insurance?**
du ju hew e'-ny me'-dy-kol
yn-siu'-rens

Tak, mam. — **Yes, I do.**
jes, aj du

Nie, nie mam . — **No, I don't.**
noł, aj dount

Ile kosztowałoby mnie leczenie? — **How much will the treatment**
cost?
hał macz łyl d˜e trit'-ment kost

Ile kosztowałoby mnie usunięcie — **How much will it cost to have**
zęba? **the tooth pulled?**
hał macz łyl it kost tu hew
d˜e tus˜ puld

Chciałbym się zapisać na leczenie — **I would like to be treated by a**
zębów u studentów. **student.**
aj łud lajk tu be tri'-ted baj ej
stu'-dent

Czy jest tu ktoś, kto mówi po polsku? — **Is there anyone here who speaks**
Polish?
ys d˜er eny'-łan hir hu spiks
poł'-lysz

Częściej spotykane dolegliwości i choroby

ból — **pain**
pejn

katar, — **common cold**
przeziębienie *ko'-mon kold*

ból głowy — **headache**
hed'-ejk

ból brzucha — **stomachache**
sta'-mek ejk

ból zęba — **toothache**
tus~'-ejk

grypa — **flu**
flu

kaszel — **cough**
kof

zatwardzenie, — **constipation**
zaparcie *kon-sty-pej'-szyn*

artretyzm — **arthritis**
ars~-raj'-tys

astma — **asthma**
az'-ma

biegunka, — **diarrhea**
rozwolnienie *da-ja-ri'-ja*

wylew do mózgu — **stroke**
strouk

zwichnięcie — **sprain**
sprejn

złamanie — **break**
brejk

skaleczenie — **abrasion**
a-brej'-żyn

rana — **wound**
łund

obrzęk — **swelling**
słe-lyng

guz — **lump**
lamp

wrzód — **boil**
bojl

wyprysk — **rash**
resz

duszność — **shortness of breath**
szort'-nes ow bres~

atak serca — **heart attack**
hart e-tek'

podrażnienie — **inflammation**
yn-fla-mej'-szyn

uczulenie — **allergy**
(alergia) *a'-ler-dży*

rak (nowotwór) — **cancer**
ken'-ser

gruźlica — **tuberculosis**
tu-ber-ku-loł'-syz

zapalenie płuc — **pneumonia**
niu'-mo-nia

Niektóre części ciała

głowa — **head**
hed

włosy — **hair**
heer

czoło — **forehead**
for'-hed

twarz — **face**
fejs

oczy — **eyes**
ajz

uszy — **ears**
irz

nos — **nose**
nołz

usta — **mouth**
małs~

zęby — **teeth**
tis~

język — **tongue**
tang

szyja — **neck**
nek

ramię,bark — **shoulder**
szol'-der

ramię,ręka — **arm**
arm

łokieć — **elbow**
el'-boł

nadgarstek — **wrist**
ryst

dłoń — **hand**
hend

palec — **finger**
fyn'-ger

paznokieć — **fingernail**
fyn'-ger-nejl

klatka piersiowa — **chest**
czest

plecy — **back**
bek

pas — **waist**
łejst

brzuch — **abdomen**
ab-doł'-men

biodra — **hips**
hyps

noga — **leg**
leg

kolano — **knee**
ni

kostka — **ankle**
enkl

stopa — **foot**
fut

palec (u nogi) — **toe**
toł

paznokieć — **toenail**
(u nogi) *toł'-nejl*

skóra — **skin**
skyn

kości — **bones**
bounz

mięsień — **muscle**
ma'-sel

serce — **heart**
hart

krew — **blood**
blad

Niektóre części ciała

jelita — **intestines**	żołądek — **stomach**
yn-test'-yns	*sta'-mek*
wątroba — **liver**	nerki — **kidneys**
ly'-wer	*kyd'-nejs*
płuca — **lungs**	pęcherz — **bladder**
langs	*ble'-der*

Nazwy niektórych specjalności medycznych

lekarz ogólny — **general practitioner**
dże'-ne-rol prek-ty'-szo-ner

lekarz specjalista — **specialist**
spe'-szo-lyst

kardiolog — **cardiologist**
kar-djo'-lo-dżyst

internista — **internist**
yn-ter'-nyst

chirurg — **surgeon**
ser'-dżyn

dermatolog — **dermatologist**
der-ma-to'-lo-dżyst

gastrolog — **gastro-enterologist**
ges-tro-en-te-ro'-lo-dżyst

urolog — **urologist**
ju-ro'-lo-dżyst

ginekolog — **gynecologist**
gaj-ne-ko'-lo-dżyst

pediatra — **pediatrician**
pi-dja-try'-szen

ortopeda — **orthopedic surgeon**
or-t~o-pi'-dyk ser'-dżen

specjalista chirurgii kosmetycznej — **plastic surgeon**
ples'-tyk ser'-dżyn

psychiatra — **psychiatrist**
saj-ka'-ja-tryst

psycholog — **psychologist**
saj-ko'-lo-dżyst

dentysta — **dentist**
den'-tyst

farmaceuta — **pharmacist**
far'-ma-syst

Skróty w ogłoszeniach o sprzedaży samochodów

SKRÓT	ZNACZENIE W JĘZ. ANGIELSKIM	ZNACZENIE W JĘZ. POLSKIM
air cond, air, ac	air conditioning *ejr-kondy'-szo-nyng*	klimatyzacja
aft	after *af'-ter*	po
auto	automatic transmission *o-to-me'-tyk trens-my'-szon*	przekładania automatyczna
am/fm	am/fm radio *ej-em/ef-em rej'-djo*	radio z zakresem fal śr./UKF
best	best offer *best o'-fer*	najlepsza oferta
blk	black *blek*	czarny
brks	brakes *brejks*	hamulce
bwn	brown *brałn*	brązowy
cass	cassette player *ka-se't ple'-jer*	odtwarzacz kasetowy
cln	clean *klin*	czysty
compl	completely *kom-pli't-ly*	całkowicie
cond	condition *kon-dy'-szon*	stan
conv, convert	convertible *kon-wer'-tybl*	kabriolet
cyl	cylinders *sy'-lyn-ders*	cylindry
defog	rear defog *rir di'-fog*	ogrzewanie tylnej szyby
4dr	four door *for dor*	czterodrzwiowy
eng	engine *en'-dżyn*	silnik
eves	evenings *iw'-nyngs*	wieczorem
exc, excel	excellent *eks'-se-lent*	doskonały
fin	financing *fy-nen'-syng*	sprzedaż na raty
fwd	four wheeldrive *for łil'- drajw*	napęd na 4 koła
gar kept	garage kept *ga'-raż kept*	garażowany

Skróty w ogłoszeniach o sprzedaży samochodów

gd	good *gud*	dobry
inc	included *yn-klu'- dyd*	włącznie, wliczone
inj	injection *yn-dżek'-szyn*	wtrysk paliwa
int, itr	interior *yn-tir'-jor*	wnętrze
lea, leath	leather *le'- t ˜er*	skóra, obicie skórzane
lo	low *loł*	niski, mały
ml	mileage *maj-ledż*	przebieg
ofr	offer *o'-fer*	oferta
opts	options *op'-szyns*	wyposażenie dodatkowe
pb	power brakes *pał'-er brejks*	hamulce ze wspomaganiem
prfd	rust proofed *rast pruft*	zabezp. antykorozyjne
ps	power steering *pał'-er sti'-ryng*	wspomaganie kierownicy
pw, pwr winds	power windows *pał'-er łyn'-dołs*	autom. otwieranie okien
reblt	rebuilt *ri-bylt*	odnowiony
showr cond	showroom condition *szoł'-rum kon-dy'-szyn*	stan idealny
silv	silver *syl'-wer*	srebrny
sp, spd	speed *spid*	szybkość
ster	stereo *sti'-ri-o*	radio stereofoniczne
trans	transmission *trans-my'-szyn*	przen. napędu
vin top	vinyl top *waj'-nyl top*	dach ze sztcz. tworzywa
w	with *łyt˜*	z
wgn	(station) wagon *(stej'-szyn) łe'-gon*	typ combi
whl	wheel *łil*	koło
wht	white *łajt*	biały

125

Jazda samochodem

NA DRODZE

Czy to jest (właściwa) droga do...? —**Is this the right way to...**
yz d˜ys d˜e rajt łej tu...

Czy może mi pan powiedzieć, którędy — **Can you tell me which way to go**
jechać do...? **to...**
ken ju tel mi łycz łej tu goł tu...

Jak można dojechać do ...? — **How can I get to...**
hał ken aj get tu...

Czy mógłby mi pan pokazać na — **Can you show me this on the map?**
mapie? *ken ju szoł mi d˜ys on d˜e mep*

Jestem cudzoziemcem i trochę się — **I am a foreigner and have lost**
zgubiłem. **my way.**
aj em ej fo'-rej-ner end hew lost
maj łej

Jak daleko jest stąd do...? — **How far is from here to...**
hał far yz yt from hir tu...

Która droga jest... — **What is the...**
łat yz d˜e...

...najkrótsza? **...shortest way?**
szor'-test łej

...najlepsza? **...best way?**
best łej

Czy ma pan mapę samochodową tej — **Do you have a road map of this**
okolicy? **area?**
du ju hew ej rołd mep ow d˜ys er'-ja

ZDANIA NAJCZĘŚCIEJ KIEROWANE DO NAS

Jedzie pan w niewłaściwym kierunku. — **You are going in the wrong**
direction.
ju ar go'-yng yn d˜e rong dy-rek'-szyn

Musi pan zawrócić. — **You have to turn back.**
ju hew tu tern bek

Prosto — **Straight.**
strejt

Jazda samochodem

Trzeba skręcić w prawo [w lewo]. — **You have to turn right [left].**
ju hew tu tern rajt (left)

Trzeba zjechać przy wyjeździe nr .... — **You have to get off at exit number...**
ju hew tu get of et ek'-syt nam'-ber...

To niedaleko. — **It's not far.**
yts not far

NAPISY I ZNAKI INFORMACYJNE	**ROAD SIGNS** *rołd sajns*
MAKSYMALNA SZYBKOŚĆ ...MIL/GODZ.	**SPEED LIMIT...MPH** *spid ly'-myt...em-pi-ejcz*
MINIMALNA SZYBKOŚĆ...MIL/GODZ.	**MINIMUM SPEED...MPH** *my'-ny-mum spid...em-pi-ejcz*
PRZEJŚCIE DLA PIESZYCH	**PEDESTRIAN CROSSING** *pe-des'-trjan kro'-syng*
ŚLISKA NAWIERZCHNIA	**SLIPPERY** *sly'-pe-ry*
NIERÓWNA NAWIERZCHNIA	**ROUGH SURFACE** *raf ser'-fes*
DROGA W NAPRAWIE [PRZEBUDOWIE]	**ROAD UNDER CONSTRUCTION** *rołd an'-der kon-strak'-szyn*
OSTRE ZAKRĘTY	**SHARP TURNS** *szarp terns*
JECHAĆ POWOLI	**SLOW** *słoł*
NIE MA WJAZDU	**NO ENTRANCE** *noł ent'-ryns*
DROGA ZAMKNIĘTA	**ROAD CLOSED** *rołd klouzd*
OBJAZD	**DETOUR** *di'-tur*

Jazda samochodem

TUNEL — **TUNNEL**
ta'-nel

PARKING — **PARKING**
park'-yng

CENTRUM — **CENTER OF TOWN
/BUSINESS DISTRICT**
sen'-ter ow tałn/byznes dyst'-rykt

SZPITAL — **HOSPITAL**
hos'-pytl

PORT LOTNICZY — **AIRPORT**
ejr'-port

PARK NARODOWY — **NATIONAL PARK**
ne'-szo-nol park

MIEJSCE HISTORYCZNE — **HISTORIC PLACE**
hys-to'-ryk plejs

STACJA BENZYNOWA

Gdzie jest najbliższa stacja — **Where is the nearest gas station?**
benzynowa? *łer yz dˇe ni'-rest ges stej'-szyn*

Do pełna proszę. — **Fill her up, please.**
fyl her ap, pliz

10 galonów proszę. — **10 gallons, please.**
ten ge'-lons, pliz

Za 20 dolarów proszę. — **20 dollars worth, please.**
tłen'-ty do'-lars łersˇ, pliz

Proszę sprawdzić... — **Please check...**
pliz czek...

...poziom oleju   **...the oil level.**
dˇe oil le'-wel

...akumulator   **...the battery.**
dˇe be'-te-ry

...płyn hamulcowy   **...the brake fluid.**
dˇe brejk flu'-yd

...płyn w chłodnicy — **...the antifreeze.**
dˇe en'-ty-friz

...ciśnienie w oponach — **...the air pressure in the tires.**
dˇe eir pre'-siur yn dˇe ta'-jers

...koło zapasowe — **...the spare wheel.**
dˇe sper łil

Czy może pan... — **Could you, please...**
kud ju pliz...

...zmienić olej? — **...change the oil?**
czejndż dˇe ojl

...naprawić [zwulkanizować] tę oponę? — **...repair the tire?**
ri'-per dˇe tajr

...zmienić tę oponę? — **...change the tire?**
czejndż dˇe tajr

...naładować akumulator? — **...charge the battery?**
czardż dˇe be'-te-ry

Ile to będzie kosztować? — **How much will this cost?**
hał macz łyl dˇys kost

Czy ma pan części do mojego samochodu? — **Do you have parts for my car?**
du ju hew parts for maj kar

Ile płacę? — **How much do I owe you?**
hał macz du aj oł ju

Gdzie są toalety? — **Where are the toilets?**
łer ar dˇe toj'-lets

KŁOPOTY Z SAMOCHODEM

Czy może mi pan pomóc? — **Could you help me, please?**
kud ju help mi,pliz

Zepsuł mi się samochód. — **My car broke down.**
maj kar brołk daun

Zabrakło mi paliwa. — **I ran out of gas.**
aj ren ałt ow ges

Gdzie jest najbliższy warsztat? — **Where is the nearest garage?**
łer yz dˇe ni'-rest ga-radż'

Jazda samochodem

Czy ma pan telefon do warsztatu — **Do you have the phone number**
samochodowego?   **for the garage?**
du ju hew d˜e fołn nam'-ber
for d˜e ga-radż'

Czy może pan przysłać mechanika? — **Could you send a mechanic?**
kud ju send ej me-ka'-nyk

Czy może pan odholować mój — **Could you tow my car?**
samochód?   *kud ju toł maj kar*

Ile to będzie kosztowało? — **How much will it cost?**
hał macz łyl yt kost

W WARSZTACIE
ZDANIA NAJCZĘŚCIEJ KIEROWANE DO NAS

Co się stało? — **What happened?**
łat he'pend

Jaki to model samochodu? — **What model of car is it?**
łat mo'-del ow kar yz yt

Co jest uszkodzone? — **Is it damaged?**
yz yt de'-medżd

Jakie są objawy? — **What is wrong?**
łat yz rong

Silnik gaśnie. — **The engine keeps stopping.**
d˜e en'-dżyn kips stop'-yng

Silnik nie chce zapalić. — **The engine does not start.**
d˜e en-dżyn daz not start

Wycieka płyn z chłodnicy. — **The radiator is leaking.**
d˜e re'-dje-tor yz li'-kyng

Wycieka płyn hamulcowy. — **The brake fluid is leaking.**
d˜e brejk flu'-yd yz li'-kyng

Akumulator się wyładował. — **The battery is dead.**
d˜e be'-te-ry yz ded

Chyba jest coś z gaźnikiem. — **I think it's the carburettor.**
aj t˜ynk yts d˜e kar'-be-rej-tor

Prądnica nie ładuje. — **The generator is not charging.**
d˜e dże'-ne-rej-tor yz not czar'-dżyng

Samochód ściąga na lewą [prawą] — **The car is pulling to the left [right].**
stronę. *d˜e kar yz pu'-lyng tu d˜e left (rajt)*

Podczas jazdy jest głośny hałas w tym — **There is a loud noise here when**
miejscu. **the car is in motion.**
d˜er ys ej laud noiz hir łen d˜e kar yz yn moł'-szyn

Coś jest nie w porządku z... — **Something is wrong with...**
sam-t˜yng yz rong łyt˜...

...akumulatorem **...the battery.**
d˜e be'-te-ry

...chłodnicą **...the radiator.**
d˜e rej'-dje-tor

...filtrem oleju **...the oil filter.**
d˜e ojl fyl'-ter

...filtrem powietrza **...the air filter.**
d˜e ejr fyl'-ter

...gaźnikiem **...the carburettor.**
d˜e kar'-be-rej-tor

...hamulcami **...the brakes.**
d˜e brejks

...hamulcem ręcznym **...the hand brake.**
d˜e hend brejk

...migaczami **...the directional signals.**
d˜e dy-rek'-szo-nol syg'-nols

...ogrzewaniem **...the heating.**
d˜e hi'-tyng

...pompą paliwową **...the fuel pump.**
d˜e fju'-el pamp

...pompą wodną **...the water pump.**
d˜e ło'-ter pamp

Jazda samochodem

...prądnicą   **...the generator.**
dˇe dże-ne-rej'-tor

...rozrusznikiem   **...the starter.**
dˇe star'-ter

...rurą wydechową   **...the exhaust pipe.**
dˇe eg-zost' pajp

...skrzynią biegów   **...the gear box.**
dˇe gir boks

...sprzęgłem   **...the clutch.**
dˇe klacz

...sygnałem dźwiękowym   **...the horn.**
dˇe horn

...światłami głównymi (szosowymi)   **...the headlights.**
dˇe hed'-lajts

...światłami mijania   **...the side lights.**
dˇe sajd lajts

...światłami stop   **...the brake lights.**
dˇe brejk lajts

...świecami   **...the spark plugs.**
dˇe spark plags

...tłumikiem   **...the muffler.**
dˇe maf'-ler

...wycieraczkami   **...the windshield wipers.**
dˇe wynd'-szild łaj'-pers

...zapłonem   **...the ignition.**
dˇe yg-ny'-szon

...zawieszeniem   **...the suspension.**
dˇe sas-pen'-szyn

Czy może mi pan na tej liście — **Can you point out on this list**
wskazać, co jest uszkodzone?   **what is wrong with the car?**
ken ju pojnt ałt on dˇys lyst
łat yz rong łytˇ dˇe kar

Czy może pan sprawdzić, co jest — **Can you find out what is wrong?**
uszkodzone?   *ken ju fajnd ałt łat yz rong*

Rozumiem, uszkodzone jest...	**I understand, the problem is with...** *aj an-der-stend', d~e pro'-blem yz łyt~...*
Czy może pan to naprawić?	**Can you repair that?** *ken ju re-per' d~at*
Czy ma pan części zamienne?	**Do you have the spare parts?** *du ju hew d~e sper parts*
Ile to będzie kosztowało?	**How much will this cost?** *hał macz łyl d~ys kost*
Ile czasu zajmie naprawa?	**How long will the repairs take?** *hał long łyl d~e re-pers' tejk*
Czy będę mógł odebrać samochód jutro rano?	**Can I pick up the car tomorrow morning?** *ken aj pyk ap d~e kar tu-mo'-roł mor'-nyng*

WYPADEK, WZYWANIE POMOCY I POLICJI

Zdarzył się wypadek.	**There has been an accident.** *d~er hez byn en ek'-sy-dent*
Czy może mi pan [pani] pomóc?	**Can you help?** *ken ju help*
Gdzie jest najbliższy telefon?	**Where is the nearest telephone?** *łer yz d~e ni'-rest te'-le-fołn*
Czy mogę skorzystać z pańskiego telefonu?	**Can I use your phone?** *ken aj juz jur fołn*
Czy może pan zadzwonić po...	**Can you call...** *ken ju kol...*
...pogotowie?	**...an ambulance?** *en em'-biu-lens*
...policję?	**...the police?** *d~e poł'-lis*
Jedna osoba jest ranna.	**One person is wounded.** *łan per'-syn yz łun'-ded*

Jazda samochodem

Proszę szybko wezwać pomoc. — **Please call for help quickly.**
pliz kol for help kły'-kly

Sprawca wypadku nie zatrzymał się. — **The car which caused the accident did not stop.**
d˜e kar łycz kozd d˜e ek'-sy-dent dyd not stop

To był samochód koloru... marki... — **The car was a...(color)...(make)**
d˜e kar łoz ej...(ka'-ler)...(mejk)

Tu jest mój... — **Here is my...**
hir yz maj...

...paszport   ...**passport.**
pas'-port

...prawo jazdy   ...**driver*s license.**
draj'-wers laj'-sens

...zielona karta   ...**green card.**
grin kard

...ubezpieczenie   ...**insurance.**
yn'-siu-rens

...adres i dane osobiste   ...**name and address.**
nejm end a'-dres

Mieszkam w ... — **I live in...**
aj lyw yn...

Jestem turystą. — **I am a tourist.**
aj em ej tu'-ryst

Chciałbym rozmawiać przez tłumacza. — **I would like to speak through an interpreter.**
aj łud lajk tu spik t˜ru en yn-ter'-pre-ter

Chciałbym skontaktować się z naszą ambasadą. — **I would like to contact my embassy.**
aj łud lajk tu kon'-tekt maj em'-be-sy

Hotele i motele amerykańskie są z racji wysokiego kursu dolara kosztowne dla przeciętnego polskiego turysty. Taniej, choć w bardzo skromnych warunkach, można przenocować między innymi w hotelach i schroniskach młodzieżowych, np. prowadzonych przez YMCA i podobne organizacje. Teksty poniższych rozmówek uwzględniają zarówno sytuację turysty lepiej sytuowanego, jak i takiego, który musi oszczędzać.

Gdzie jest w pobliżu jakiś (niezbyt drogi) hotel? — **Is there an (inexpensive) hotel nearby?**
ys d˜er en (yn'-eks-pen-syw) ho'-tel nir'-baj

Który z tych hoteli jest tańszy? — **Which of these hotels is less expensive?**
łycz ow d˜iz ho'-tels yz les eks-pen'-syw

Czy jest tu jakieś schronisko lub hotel młodzieżowy? — **Is there a dormitory or a youth hostel nearby?**
ys d˜er ej dor'-my-to-ry or ej jus˜ hos'-tel nir'-baj

Czy są wolne miejsca? — **Do you have any room?**
du ju hew e'-ny rum

*Tak, są. — **Yes, we do.**
jes, łi du

*Nie, niestety nie mamy wolnych miejsc. — **No, unfortunately we have no room.**
noł, an-for'-cze-net-ly łi hew noł rum

*Czy ma pan rezerwację? — **Do you have a reservation?**
du ju hew ej re-zer-wej'-szyn

Rezerwowałem pokój telefonicznie. — **I made a reservation by phone.**
aj mejd ej re-zer-wej'-szyn baj połn

Moje nazwisko Nowak. — **My name is Nowak.**
maj nejm yz Nowak

O której należy zwolnić pokój? — **What is the check out time?**
łat yz d˜e czek'-ałt tajm

Hotele i motele

Ile kosztuje pokój... — **How much is a room...**
hał macz yz ej rum...

...jednoosobowy? **...for one person?**
for łan per'-syn

...dwuosobowy? **...for two people?**
for tu pi'-pel

...dla 4-osobowej rodziny? **...for a family of four?**
for ej fe'-my-ly ow for

Ile kosztuje apartament? — **How much is an apartment?**
hał macz yz en a-part'-ment

Proszę o pokój z... — **I would like a room with...**
aj łud lajk ej rum łyt˜...

...łazienką **...bath.**
bas˜

...prysznicem. **...shower.**
sza'-łer

Czy w pokoju jest kolorowy — **Do you have color television in**
telewizor? **the room?**
du ju hew ka'-ler te'-le-wyżn yn
d˜e rum

Proszę o cichy pokój. Chciałbym się — **I would like a quiet room. I need**
dobrze wyspać. **a good night*s rest.**
aj łud lajk ej kwa'-jet rum. aj nid
ej gud najts rest

Czy macie tańsze pokoje? — **Do you have less expensive**
rooms?
du ju hew les eks-pen'-syw rums

To jest dla mnie za drogie. — **This is too expensive for me.**
d˜ys yz tu eks-pen'-syw for mi

Czy jest w pobliżu jakiś tańszy hotel? — **Is there a less expensive hotel**
nearby?
yz d˜er ej les eks'-pen-syw ho'-tel
nir'-baj

Czy można tu dostać coś do jedzenia? — **Can I get something to eat here?**
ken aj get sam'-t˜yng tu it hir

Hotele i motele

*Kafeteria jest czynna do 10 P.M. — **The cafeteria is open till 10 p.m.**
d~e ka-fe-tyr'-ja yz oł'-pen tyl ten pi-em

Proszę mnie nie budzić. — **Please do not disturb me.**
pliz du not dys-terb' mi

Proszę mnie obudzić jutro o 6 A.M. — **Please wake me at 6 am tomorrow.**
pliz łejk mi et syks aj-em tu-mo'-ro

Święta amerykańskie

W odróżnieniu od Polski, w Stanach Zjednoczonych świętuje się tylko pierwszy dzień Bożego Narodzenia i tylko pierwszy dzień Wielkanocy. Niektóre specyficzne święta amerykańskie są ruchome (movable) - jak np. dzień urodzin Martina Luthera Kinga. Niektóre święta obchodzone są tylko przez część obywateli. Poza tym w społecznościach etnicznych obchodzone bywają własne święta.

Lista głównych świąt amerykańskich:

1 stycznia – **Nowy Rok**

Trzeci poniedziałek stycznia – **dzień urodzin Martina L. Kinga**

Trzeci poniedziałek lutego – **Presidents Day**

Wielkanoc (tylko pierwszy dzień)

Ostatni poniedziałek maja – **Memorial Day**

4 lipca – **Święto Niepodległości (Independence Day)**

Pierwszy poniedziałek września – **Święto Pracy (Labor Day)**

Drugi poniedziałek października – **Columbus Day**

Ostatni czwartek listopada – **Święto Dziękczynienia (Thanksgiving Day)**

25 grudnia – **Boże Narodzenie (Christmas Day)** (tylko pierwszy dzień)

Mile i kilometry

Mile na kilometry i kilometry na mile można przeliczyć według dwóch prostych reguł.

Aby przeliczyć mile na kilometry, należy ilość mil podzielić przez 5 i pomnożyć przez 8.

Przykład: 100 mil zamienić na kilometry.

100:5=20   20x8=160   100 mil to 160 kilometrów.

Aby przeliczyć kilometry na mile, należy odległość w kilometrach pomnożyć przez 5 i podzielić przez 8.

Przykład: 80 kilometrów zamienić na mile.

80x5=400   400:8=50   80 kilometrów, to 50 mil.

Jeśli dysponujemy kalkulatorkiem, wystarczy zapamiętać:

Ilość kilometrów = (ilość mil) pomnożona przez 1,6.

Ilość mil = (ilość kilometrów) podzielona przez 1,6.

100 mil pomnożone przez 1,6 = 160 kilometrów

80 kilometrów podzielone przez 1,6 = 50 mil.

Zamieszczona poniżej podwójna skala szybkościomierza pozwala łatwo znaleźć odpowiadające sobie odległości (w milach i kilometrach) bądź szybkości (w milach na godzinę i kilometrach na godzinę)

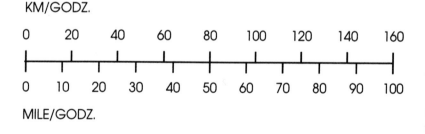

KM/GODZ.

| 0 | 20 | 40 | 60 | 80 | 100 | 120 | 140 | 160 |

| 0 | 10 | 20 | 30 | 40 | 50 | 60 | 70 | 80 | 90 | 100 |

MILE/GODZ.

Stopnie Celsjusza i stopnie Fahrenheita

Aby przeliczyć stopnie Fahrenheita na stopnie Celsjusza, należy od temperatury w stopniach F odjąć **32**, następnie różnicę pomnożyć przez **5** i podzielić przez **9**.

Przykład: 92 stopnie Fahrenheita

92-32=60

60x5=300

300:9=33 stopnie Celsjusza

Aby przeliczyć stopnie Celsjusza na stopnie Fahrenheita, należy temperaturę w stopniach Celsjusza pomnożyć przez **9**, podzielić przez **5** i do wyniku dodać **32**.

Przykład: 15 stopni Celsjusza

15x9=135

135:5=27

27+32=59 stopni Fahrenheita.

Zamieszczona poniżej podwójna skala pozwala na łatwe i szybkie odczytanie (w pewnym przybliżeniu) temperatur w dwóch różnych skalach.

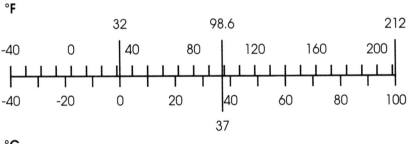

Numery i liczby

LICZEBNIKI GŁÓWNE

0 zero — **zero**
zi'-ro

1 jeden — **one**
łan

2 dwa — **two**
tu

3 trzy — **three**
t˜ri

4 cztery — **four**
for

5 pięć — **five**
fajw

6 sześć — **six**
syks

7 siedem — **seven**
se'-wen

8 osiem — **eight**
ejt

9 dziewięć — **nine**
najn

10 dziesięć — **ten**
ten

11 jedenaście — **eleven**
i-le'-wen

12 dwanaście — **twelve**
tłelf

13 trzynaście — **thirteen**
t˜er'-tin

14 czternaście — **fourteen**
for'-tin

15 piętnaście — **fifteen**
fyf'-tin

16 szesnaście — **sixteen**
syks'-tin

17 siedemnaście — **seventeen**
se'-wen-tin

18 osiemnaście — **eighteen**
ej'-tin

19 dziewiętnaście — **nineteen**
najn'-tin

20 dwadzieścia — **twenty**
tłenty

21 dwadzieścia jeden — **twenty one**
tłen'-ty łan

22 dwadzieścia dwa — **twenty two**
tłen'-ty tu

31 trzydzieści jeden — **thirty-one**
t˜er'-ty łan

40 czterdzieści — **forty**
for'-ty

50 pięćdziesiąt — **fifty**
fyf'-ty

60 sześćdziesiąt — **sixty**
syks'-ty

70 siedemdziesiąt — **seventy**
se'-wen-ty

80 osiemdziesiąt — **eighty**
ej'-ty

90 dziewięćdziesiąt — **ninety**
najn'-ty

100 sto — **one handred**
łan hand'-red

200 dwieście — **two hundred**
tu hand'-red

1000 tysiąc — **one thousand**
łan t˜ał'-zend

2000 dwa tysiące — **two thousand**
tu t˜ał'-zend

10.000 dziesięć tysięcy — **ten thousand**
ten t˜ał'-zend

100.000 — **one hundred**
sto tysięcy   **thousand**
łan hand'-ret
t˜ał'-zend

1.000.000 milion — **one million**
łan my'-lion

LICZEBNIKI PORZĄDKOWE

pierwszy(a) — **first**
ferst

drugi — **second**
se'-kend

trzeci — **third**
t˜erd

czwarty — **fourth**
fors˜

piąty — **fifth**
fyfs˜

szósty — **sixth**
syks˜

siódmy — **seventh**
se'-went˜

ósmy — **eighth**
ejts˜

dziewiąty — **ninth**
najns˜

dziesiąty — **tenth**
tens˜

dwudziesty — **twentieth**
tłen'-ties˜

trzydziesty — **thirtieth**
t˜er'-ties˜

setny — **hundredth**
hand'-redt˜

tysięczny — **thousandth**
t˜ał'-zendt˜

UŁAMKI

1/2 pół — **one-half**
łan haf

1/3 jedna trzecia — **one-third**
łan t˜erd

2/3 dwie trzecie — **two-thirds**
tu t˜erds

1/4 jedna czwarta — **one fourth**
(one quarter)
łan fort˜
(łan kłor'-ter)

3/4 trzy czwarte — **three-fourths**
(three
quarters)
t˜ri fors˜
(t˜ri kłor'-ters)

Numery i liczby

Jaki jest numer twojego telefonu? —	**What is your phone number?** *łat yz jur foln nam'-ber*
Mój numer jest 672-4531 —	**My number is six seven two, four five three one.** *maj nam'-ber yz syks se'-wen tu, for fajw t~ri łan*
Jaki jest numer pokoju? —	**What is the room number?** *łat yz d~e rum nam'-ber*
Jaki jest numer domu? —	**What is the house number?** *łat yz d~e haus nam'-ber*
Czy masz numer ubezpieczenia społecznego? —	**Do you have a Social Security number?** *du ju hew ej soł'-siol se-kiu'-ry-ty nam'-ber*
Ile masz dzieci? Mam dwoje dzieci. —	**How many children do you have? I have two children.** *hał me'-ny czyld'-ren du ju hew aj hew tu czyld'-ren*
Ile czasu ci potrzeba? Potrzebuję trzy dni. —	**How much time do you need? I need three days.** *hał macz tajm du ju nid? aj nid t~ri dejs*
Ile wody powinnam użyć? Użyj trzy kubki. —	**How much water should I use? Use three cups.** *hał macz ło'-ter szud aj juz juz t~ri kaps*
Ile masz pieniędzy? Mam dwadzieścia dolarów. —	**How much money do you have? I have twenty dollars.** *hał macz ma'-nej du ju hew aj hew tłen'-ty do'-lars*
Ile by to kosztowało? To by kosztowało około dziesięciu dolarów. —	**How much would it cost? It would cost about ten dollars.** *hał macz łud yt kost yt łud kost e'-bałt ten do'-lars*

Ile ważysz? Ważę 130 funtów. — **How much do you weigh?**
I weigh one hundred and thirty
pounds.
hał macz du ju łej
aj łej łan hand'-red end t˜yrty
paunds

Ile masz lat? Mam 36 lat. — **How old are you?**
I am thirty six years old.
hał old ar ju
aj em t˜er'-ty syks jirs old

Ile masz wzrostu? Mam pięć stóp — **How tall are you?**
i cztery cale. **I am five feet four (inches).**
hał tol ar ju
aj em fajw fit for (yn'-czys)

Ile to ma długości? To ma 64 cale. — **How long is this?**
It is 64 inches.
hał long ys d˜yz
yt yz syks'-ty for yn'-czys

Jaka jest dzisiaj temperatura? — **What is the temperature today?**
Jest około 85 stopni (F) **It is about eighty five degrees.**
łat yz d˜e tem'-pe-ra-czur tu-dej
yt yz e-bałt' ej'-ty fajw de-gris'

Pieniądze

$1 — **dollar**
do'-lar

$0.50, 50¢ — **half-dollar/fifty cents**
hef do'-lar/fyf'-ty sents

$0.25, 25¢ — **quarter/twenty five cents**
kłor'-ter/tłen'-ty fajw sents

$0.10, 10¢ — **dime/ten cents**
dajm/ten sents

$0.05, 5¢ — **nickel/five cents**
nykel/fajw sents

$0.01, 1¢ — **penny/cent**
pe'ny/sent

Czy masz pieniądze? — **Do you have any money?**
du ju hew e'-ny ma'-nej

Tak, mam trochę pieniędzy. — **Yes, I have some money.**
jes, aj du hew sam ma'-nej

Nie, nie mam pieniędzy. — **No, I don't have any money.**
noł, aj dount hew e'-ny ma'-nej

Czy możesz rozmienić dolara? — **Do you have change for dollar?**
du ju hew czejndż for ej do'-lar

Ile jestem winien? — **How much do I owe you?**
hał macz du aj oł ju

Czas

Która jest godzina? — **What time is it?**
łat tajm yz yt

Jest 9:15 — **It is 9:15 (nine fifteen).**
yt yz najn fyf'-tin

Jest za kwadrans siódma. — **It is a quarter to seven.**
yt yz ej kłor'-ter tu se'-wen

Jest trzecia trzydzieści. — **It is half past three.**
yt yz hef pest t˜ri

O której zamykacie? — **When do you close?**
łen du ju klołz

O której otwieracie rano? — **What time do you open in the morning?**
łat tajm du ju oł'-pen yn d˜e mor'-nyng

Jaki jest dzisiaj dzień miesiąca? — **What day of the month is it?**
łat dej ow d˜e mant˜ yz it

Jaki jest dzień tygodnia? — **What day of the week is this?**
łat dej ow d˜e łik yz d˜yz

Jesteśmy za wcześnie. — **We are early.**
łi ar er'-ly

Jesteśmy spóźnieni. — **We are late.**
łi ar lejt

Czy to zabierze dużo czasu? — **Will it take a long time?**
łyl yt tejk ej long tajm

Ile czasu to zabierze? — **How long will it take?**
hał long łyl yt tejk

Czas

dzień — **day**		kwiecień — **April**	
dej		*ej'-pryl*	
noc — **night**		maj — **May**	
najt		*mej*	
rano — **morning**		czerwiec — **June**	
mor'-nyng		*dziun*	
południe — **noon**		lipiec — **July**	
nun		*dziu-laj'*	
popołudnie — **afternoon**		sierpień — **August**	
ef'-ter-nun		*o'-gust*	
wieczór — **evening**		wrzesień — **September**	
iw'-nyng		*sep-tem'-ber*	
północ — **midnight**		październik — **October**	
myd'-najt		*ok-toł'-ber*	
niedziela — **Sunday**		listopad — **November**	
san'-dej		*no-wem'-ber*	
poniedziałek — **Monday**		grudzień — **December**	
man'-dej		*de-sem'-ber*	
wtorek — **Tuesday**		godzina — **hour**	
tjuz'-dej		*a'-łer*	
środa — **Wednesday**		minuta — **minute**	
łedns'-dej		*my'-nyt*	
czwartek — **Thursday**		sekunda — **second**	
t˜ers'-dej		*se'-kond*	
piątek — **Friday**		tydzień — **week**	
fraj'-dej		*łik*	
sobota — **Saturday**		miesiąc — **month**	
se'-ter-dej		*mans˜*	
styczeń — **January**		rok — **year**	
dże'-niu'-ery		*jir*	
luty — **February**		dzisiaj — **today**	
feb'-ru-ery		*tu-dej'*	
marzec — **March**		jutro — **tomorrow**	
marcz		*tu-mo'-roł*	

pojutrze — **day after**	zeszły tydzień — **last week**
tomorrow	*last lik*
dej ef'-ter	przyszły miesiąc — **next month**
tu-mo'-roł	*nekst mans~*
wczoraj — **yesterday**	zeszły miesiąc — **last month**
jes'-ter-dej	*last mans~*
przedwczoraj — **day before**	przyszły rok — **next year**
yesterday	*nekst jir*
dej bi-for'	zeszły rok — **last year**
jes'-ter-dej	*last jir*
przyszły tydzień — **next week**	
nekst lik	

Słowa, których ceną może być życie

We współczesnej Ameryce (szczególnie w wielkich miastach, a już zwłaszcza w podejrzanych dzielnicach) nie można, niestety, wykluczyć możliwości znalezienia się w sytuacji, gdzie znajomość bądź nieznajomość jednego czy paru słów może decydować wręcz o życiu. Nie tak dawno np. prasa doniosła o przypadku, gdzie podczas zbrojnej rozprawy między członkami ulicznych gangów na Manhattanie zginął turysta japoński. Zginął tylko dlatego, że nie zrozumiał okrzyku „Freeze!" - co w powszechnie używanym slangu znaczy „Nie ruszać się!".

Życząc naszym czytelnikom, aby znajomość takich zwrotów szczęśliwie nigdy im się nie przydała – podajemy tu kilka najczęściej stosowanych i powszechnie znanych zwrotów.

FREEZE!	STAĆ! NIE RUSZAĆ SIĘ!
friiz!	
HOLD! *albo* **HOLD IT!**	STÓJ! STAĆ!
hold! holdyt!	
LIE DOWN!	NA ZIEMIĘ!
laj daun!	(należy położyć się twarzą do ziemi)
DOUGH	FORSA, PIENIĄDZE
dou	
BEAT IT!	ZJEŻDŻAJ!
bit it!	

Słowa-pułapki (podobne słowa mogą znaczyć zupełnie coś innego)

Dla osób nie znających języka angielskiego lub rozpoczynających dopiero naukę szczególnie ważne jest zwrócenie uwagi na niektóre słowa, będące – wskutek łudzącego podobieństwa – prawdziwymi pułapkami językowymi. W niektórych przypadkach angielskie słowo do złudzenia przypominające słowo polskie ma ZUPEŁNIE INNE ZNACZENIE i w ogóle nie ma nic wspólnego z podobnym słowem w języku polskim (np. *CIRCLE* wcale nie oznacza cyrkla, a *EVENTUALLY*, to nie jest „ewentualnie", czy „w razie czego" – patrz niżej). W innych przypadkach znaczenie znane z języka polskiego może również występować, ale dopiero na drugim czy trzecim planie, co niestety, można rozpoznać dopiero z kontekstu i przy lepszej znajomości języka.

W każdym razie warto zwrócić uwagę na podane tu przykłady łudzącego i mylącego podobieństwa i pamiętać o tym, że ich zasadnicze znaczenie jest bardzo odmienne od znaczenia pozornie podobnego słowa polskiego. Aby nie wpaść w podobne pułapki – najlepiej mimo wszystko postarać się je poznać, przynajmniej te najczęściej spotykane, które podajemy poniżej.

SŁOWO	PRZYPOMINA POLSKIE	W JĘZYKU ANGIELSKIM ZNACZY
actual *ak'-cziu-al*	**aktualny, obecny**	rzeczywisty, faktyczny
actually *ak'-cziu-aly*	**aktualnie, obecnie**	rzeczywiście, istotnie, nawet
advocate *ad'-wo-ket*	**adwokat**	orędownik, rzecznik
affair *a-fer'*	**afera, skandal**	sprawa, interes lub romans
argument *ar'-giu-ment*	**argument, dowód**	spór, kłótnia, dyskusja
boot *buut*	**but, pantofel, obuwie**	but z cholewką, kozak

Słowa-pułapki (podobne słowa mogą znaczyć zupełnie coś innego)

brat *bret*	brat	berbeć, brzdąc
chef *szef*	szef	mistrz kucharski, kucharz
circle *ser'-kel*	cyrkiel	okrąg, koło (geom.), klub
communication *ko-mu-ni-kej'-szen*	komunikacja	komunikowanie wiadomości łączność
consequent *kon'-sek-łent*	konsekwentny	wynikający, następujący, ważny
consequently *kon'-sek-łen-tly*	konsekwentnie	a więc, wskutek tego, zatem
course *koors*	kurs waluty, statku	kurs (program) szkoleniowy albo danie w posiłku
discuss *dys-kas'*	spierać się, kłócić	rozmawiać o czymś, omawiać
eventually *e-wen'-cziu-aly*	eventualnie, być może	ostatecznie, prędzej czy później
evidence *e'-wi-dens*	ewidencja, kartoteka	dowód, zeznanie świadka
extra *ekstra*	extra, świetny, super	dodatkowy lub zbędny
facet *fa'-set*	facet	ścianka szlifu klejnotu lub aspekt sprawy
fame *fejm*	fama, plotka	sława
fart *fart*	fart, łut szczęścia	puścić bąka
fine *fajn*	fajnie, świetnie	w porządku, może być (bez specjalnego entuzjazmu)
first floor *ferst flor*	pierwsze piętro	parter

Słowa-pułapki (podobne słowa mogą znaczyć zupełnie coś innego)

fix *fyks*	wariować, sfiksować	naprawiać
fraction *frek'-szen*	frakcja, część partii polit.	ułamek (np.fi itp.)
freeze! *friiz*	zamróź!, ochłodź!	nie ruszać się! ani kroku!
gymnasium *dżym-nej'-zium*	gimnazjum, szkoła średnia	sala gimnastyczna
hazard *he'-zerd*	hazard, gra	niebezpieczeństwo
lecture *lek'-czer*	lektura, czytanie	wykład lub kazanie
list *lyst*	list	lista, spis
magazine *ma'-ga-zin*	magazyn, skład	czasopismo, periodyk
manifestation *ma-ni-fes-tej'-szen*	wiec, manifestacja	objaw, przejaw
sympathetic *sym-pa-t˜e'-tyk*	sympatyczny	współczujący, życzliwy
sympathy *sym'-pa-t˜y*	sympatia	współczucie
temper *tem'-per*	temperament	zły humor
text *tekst*	tekst (np. piosenki)	podręcznik lub treść

Z powyższych (siłą rzeczy niepełnych) przykładów wynika, że spotykając się z wyrazem angielskim podobnym do polskiego winniśmy szczególnie uważnie sprawdzić jego rzeczywiste znaczenie. Pozwoli to nam uniknąć błędnego mniemania, że np. *Police Record* oznacza rekord sportowy ustanowiony przez policję, a *Apple Jam with Preservatives* to tyle, co dżem jabłkowy z prezerwatywami (w rzeczywistości chodzi o chemiczne środki konserwujące!).

Słowa-pułapki (podobne słowa mogą znaczyć zupełnie coś innego)

minute *my'-nyt*	**minuta**	malutki, śladowy także drobiazgowy
mistification *mys-ty-fi-kej'-szen*	**mistyfikacja, oszustwo**	bycie w kropce, konfuzja
obscure *ob-skiur'*	**obskurny, zaniedbany**	niejasny, mało znany
occasion *o-kej'-żen*	**okazja, święto**	uroczystość, powód do świętowania
occasionally *o-ke'j-zio-ne-ly*	**okazyjnie**	od czasu do czasu
opportunity *o-por-tiu'-ny-ty*	**oportunizm**	okazja, dogodna szansa
ordinary *or'-dy-ne-ry*	**ordynarny**	zwykły, zwyczajny
ordinarily *or'-dy-ne-ry-ly*	**ordynarnie**	zazwyczaj, zwykle
pal *pal*	**pal**	kolega, kumpel
pasta *pasta*	**pasta**	makaron (włoski)
pathetic *pa-t~e'-tyk*	**patetyczny, wzniosły**	żałosny
plan *plen*	**plan, mapa**	zamiar, projekt, rozkład
postpone *post-połn'*	**postponować, obrażać**	odłożyć na później, przełożyć
preservative *pre-zer'-wa-tyw*	**prezerwatywa, guma**	chem. środek konserwujący środek zabezpieczający
pretensions *pre-ten'-szons*	**pretensja, żal**	wygórowane ambicje
process *pro'-ses*	**proces sądowy**	przebieg, szereg zmian

Słowa-pułapki (podobne słowa mogą znaczyć zupełnie coś innego)

project *pro'-dżekt*	**plan, projekt**	przedsięwzięcie
pupil *piu'-pyl*	**ulubieniec, pupil**	uczeń
realization *ri-a-laj-zej'-szon*	**realizacja, wykonanie**	uświadomienie sobie
realize *ri'-a-lajz*	**realizować, wykonywać**	zdawać sobie sprawę z czegoś
record *re-kor'd*	**rekord**	nagranie, płyta a także wpis w aktach
stopper *sto'-per*	**stoper, czasomierz**	korek do butelki

POLISH HERITAGE ART CALENDAR

Published since 1986, this monthly wall calendar (12" x 12") offers full color reproductions of masterpieces of Poland's best known painters whose works can be found in museums and private collections throughout the world. In addition to paintings from the National Museums of Warsaw, Poznan and Krakow, the calendars have drawn on such public and private collections as The Polish Museum in Chicago, The Kosciuszko Foundation in New York, The J. Pilsudski Institute in New York, The Orchard Lake Gallery in Orchard Lake, Michigan, and a number of private collections including the well known Fibak gallery and the Jordanowski collection.

Among the painters represented are: Jan Matejko, Jacek Malczewski, Alfred Wierusz-Kowalski, Jozef Brandt, Wojciech i Juliusz Kossak, Julian Falat, Jozef Chelmonski, Leon Wyczolkowski, Piotr Michalowski, Jan Stanislawski, January Suchodolski, Wladyslaw Slewinski, Henryk Siemiradzki, Witold Wojtkiewicz, Jozef Mehoffer, Aleksander Gierymski, Stanislaw Kamocki, Olga Boznanska, Stanislaw Wyspianski, and many others.

The calendar is available in July. For full information on the current edition, its cost and back issues, write to Polish Heritage Publications, 75 Warren Hill Road, Box 36F, Cornwall Bridge, CT 06754.

POLISH DICTIONARIES AND LANGUAGE BOOKS
Modern • Up-to-Date • Easy-to Use • Practical

POLISH-ENGLISH/ENGLISH-POLISH PRACTICAL DICTIONARY
(Completely Revised) *by Iwo Cyprian Pogonowski*. Contains over 31,000 entries for students and travelers. Includes a phonetic guide to pronunciation in both languages, a handy glossary of the country's menu terms, a bilingual instruction on how-to-use the dictionary, and a bilingual list of abbreviations.
ISBN 0-7818-0085-4 $11.95 pb

POLISH-ENGLISH/ENGLISH-POLISH CONCISE DICTIONARY
(Completely Revised) *by Iwo Cyprian Pogonowski*. Contains over 91,000 completely modern, up-to-date entries in a clear, concise format.
ISBN 0-7818-0133-8 $9.95 pb

POLISH-ENGLISH/ENGLISH-POLISH STANDARD DICTIONARY
Revised Edition with Business Terms
32,00 entries
ISBN 0-87052-282-2 $19.95 pb

POLISH-ENGLISH UNABRIDGED DICTIONARY
250,000 entries
ISBN 0-7818-0221-8 $150.00 2-volume set

All prices subject to change. **TO PURCHASE HIPPOCRENE BOOKS** contact your local bookstore, call (718) 4545-2366, or write to: HIPPOCRENE BOOKS, 171 Madison Avenue, New York, NY 10016. Please enclose check or money order, adding $5.00 shipping (UPS) for the first book and $.50 for each additional book.